言霊開眼

［新装版］

小笠原孝次 著

七沢賢治 監修

和器出版株式会社

凡例

一、本書は一九八〇年に限定配布（非売品）として刊行された小笠原孝次著『言霊開眼』を原本とし、七沢賢治の監修により、一部校訂を加え新装版として刊行したものである。

一、原本を忠実に表現することを原則としているが、明らかな誤記や誤植は改めた。

一、原本の意味を変更しない範囲で、踊り文字、見出しの一部に必要最小限の修正を加えた。

一、原本の漢字の旧字体・異体字については、原則としては新字体・標準字体に改めた。ただし、引用文、熟語、慣用句、名詞などで特別な意味合いを持つ場合には、原書のまま旧字体・異体字を用いた。

一、原本の旧仮名遣いは、原則として、引用文以外は、現代仮名遣いに改めた。

一、図表に番号を付し、検索の便をはかった。

一、読解の便をはかるために、原則として、本文の漢字、旧仮名文字、外国語にルビを振った。ただし、ローマ字表記、漢数字表記の西暦年号、凡例、巻末についてはルビを一部除外した。

一、圏点とルビが重複している場合には、原則としてルビを親文字の右側に、圏点を親文字の左側に付加した（一部例外あり）。

一、ルビについては、原則として、著者の小笠原孝次氏が生前に実際に使用していた読み方を採用した。

一、文中には、ひらがな表記とカタカナ表記の混在、漢字表記とカタカナ表記の混在、異字同訓、新旧の漢字の混在、中国語の漢字の混在などが存在しているが、引用文以外は、明らかな誤記や誤植でない限り原本の表記を尊重した。

一、他の著作物からの引用方法は、直接引用と間接引用が混在している。内容を要約した間接引用については、明らかな誤記や誤植でない限り原本の表記を尊重した。ただし引用文が原文と大きく異なる場合には一部補足等を加えた。

一、検証の便をはかるために、引用文には原則として、出典、情報源等を明記した。内容を比較すると、本文、図表、引用文等について、表記内容や解釈内容が異なる場合がある。それらの違いの背景には、著者自身の考え方の変化が影響している可能性があるため、著書を記した時々の著者の考え方を尊重し、原則的に修正等は加えていない（一部例外あり）。

一、和器出版株式会社の設立に伴い、「言霊学会」は株式会社七沢研究所より和器出版株式会社に移管され、小笠原孝次氏、山腰明將氏の遺稿等は、弊社において復刻・出版される運びとなった。

目《もく》次《じ》

目次《もくじ》

巻末《かんまつ》

挿図目次《そうずもくじ》

言《げん》霊《れい》開《かい》眼《がん》

立春《りっしゅん》

昭和五十三年立春《しょうわごじゅうさんねんりっしゅん》、朝餉《あさげ》の膳《ぜん》の中央《ちゅうおう》に卵《たまご》を立《た》て御神酒《おみき》を供《そな》えた。毎年《まいとし》こうやっている。中国《ちゅうごく》から伝《つた》わった祭《まつ》りと聞《き》いて居《い》た。立春《りっしゅん》は日本《にほん》の神代暦《かみよれき》の一月一日《いちがつついたち》である。元日《がんじつ》の「一《いち》」は物《もの》の初《はじ》めの「一《いち》」である。鶏卵《けいらん》は大《おお》きな単細胞《たんさいぼう》であって、鶏卵《けいらん》を斎《いっ》ことは宇宙《うちゅう》の「一《いち》」を祭《まつ》る行事《ぎょうじ》である。鶏卵《けいらん》は初《はじ》めの「一《いち》」であって、宇宙《うちゅう》そのものの始原《しげん》の姿《すがた》である。毎年立春《まいとしりっしゅん》の朝《あさ》、卵《たまご》を立《た》てて盃《さかずき》を上《あ》げて来《き》たが、それは「一《いち》」を祭《まつ》る祭《まつ》りであると気《き》がついたのは今日《きょう》が初《はじ》めてである。大《おお》きな驚《おどろ》きだった。

この習慣《しゅうかん》は中国《ちゅうごく》から来《き》たものでなくて、神代《かみよ》の日本《にほん》の祭典《さいてん》であると判《わか》った。日本書紀《にほんしょき》を開《ひら》いてみる。

「古《いにしへ》に天地《あめつち》未《いま》だ剖《わか》れず、陰陽《めを》分《わか》れざりしとき、渾沌《まろか》れたること鶏子《とりのこ》の如《ごと》くして、溟涬《ほのか》にして牙《きざし》を含《ふふ》めり。」（日本書紀《にほんしょき》巻第一《まきだいいち》、神代上《かみよのかみのまき》、天地開闢《あめつちかいびやく》）正《まさ》に天地《あめつち》の始《はじ》めは鶏の卵《にわとりたまご》の如《ごと》くである。その渾沌《こんとん》の始原宇宙《しげんうちゅう》（至大天球《しだいてんきゅう》、全大宇宙《ぜんだいうちゅう》）の中《なか》に森羅万象《しんらばんしょう》が生《う》まれて来《く》る牙《きざし》（芽《め》、萌《きざし》、徴《しるし》、兆《きざし》）が含《ふく》まれて居《い》る。「其《そ》の中《なか》に一物《ひとつのもの》生《な》れり。葦牙《あしかび》の初《はじ》めて渥《ひぢ》の中《なか》に生《おひい》でたるが如《ごと》し。便《すなは》ち人《かみ》と化為《な》る。国常立尊《くにのとこたちのみこと》と号《まう》す。」（日本書紀《にほんしょき》巻第一《まきだいいち》、神代上《かみよのかみのまき》）葦《あし》の芽《め》は河原《かわら》の粘土《ねんど》の中《なか》から牙《きば》の様《よう》に、角《つの》の様《よう》に伸《の》びて来《く》る。この葦《あし》の芽《め》の如《ごと》きものを国之常立神《くにのとこたちのかみ》と云《い》う。宇宙《うちゅう》の国《くに》（組邇《くに》）である森羅万象《しんらばんしょう》が生《う》まれて来《く》る根源《こんげん》の兆《きざ》しとしてのエネルギーの発現《はつげん》であり、生命意志《せいめいいし》の始原《しげん》の発露《はつろ》である。国之常立《くにのとこたち》と云《い》うからには、それは八方《はっぽう》に向《む》かって展開《てんかい》する八性《やさか》、八相《はっそう》、八卦《はっけ》の勢《せい》を具《ぐ》

鶏卵《けいらん》と国《くに》

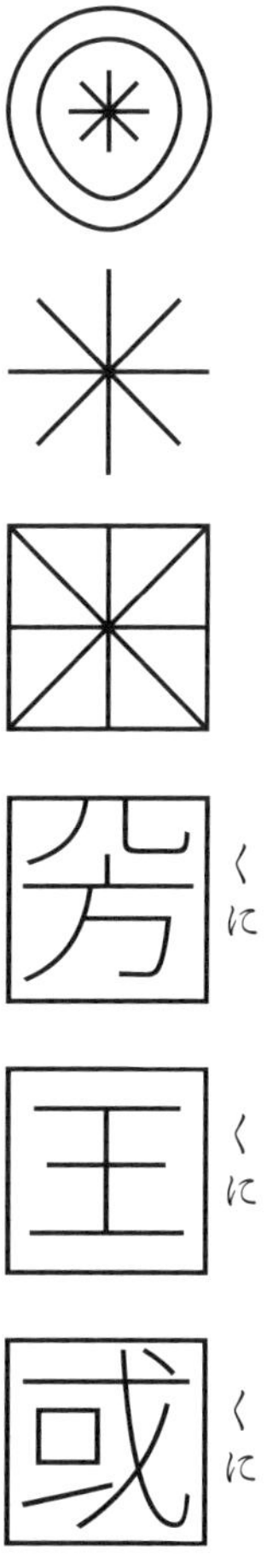

図表-1｜**鶏卵と国**

備《び》する。

日本書紀《にほんしょき》は、宇宙《うちゅう》の始《はじ》めを生命《せいめい》の兆《きざ》しである国之常立《くにのとこたち》（父韻《ふいん》）から説《と》き始《はじ》め、古《こ》事記《じき》はその兆《きざ》しが育《そだ》って行《い》く母体《ぼたい》（母音《ぼいん》）から説《と》いて居《い》る。両者《りょうしゃ》はどちらが前《さき》、後《あと》と云《い》うことのない同時的存在《どうじてきそんざい》である。国之常立神《くにのとこたちのかみ》の八《やっ》つの葦牙《あしかび》は宇比地邇神《うひぢにのかみ》以下《いか》の八力神《はちりきしん》すなわちＨＴＳＫＭＲＹＮの八《やっ》つの父韻《ふいん》であり、この葦牙《あしかび》を包摂受胎《ほうせつじゅたい》して育《そだ》てて行《い》く母体《ぼたい》は天之御中主神《あめのみなかぬしのかみ》、高御産巣日神《たかみむすびのかみ》以下《いか》の五個《ごこ》（十個《じゅっこ》）の母音《ぼいん》と半母音《はんぼいん》ウアオエイ。ウワヲ《を》ヱ《ゑ》ヰ《ゐ》である。

神聖《かみ》すなわち人間《にんげん》の生命意志《せいめいいし》が知性《ちせい》を駆使《くし》しての活動《かつどう》によって唯一渾沌《ゆいいつこんとん》の宇宙《うちゅう》の剖判《ぼうはん》が開始《かいし》される。剣《つるぎ》に喩《たと》えられる判断《はんだん》する知性《ちせい》は、母体《ぼたい》をアオウエイ、ワヲ《を》ウヱ《ゑ》ヰ《ゐ》の陰《いん》陽両儀《ようりょうぎ》に剖判《ぼうはん》し、八《やっ》つの兆《きざ》し、牙《かび》を八律《はちりつ》の父韻《ふいん》として認識《にんしき》し操作《そうさ》する。葦《あし》は五十音図《ごじゅうおんず》に於《お》いては、アオウエイのア゜からサソスセシのシ゜に至《いた》るまでの、親音《しんいん》、父韻《ふいん》、母音《ぼいん》、子音《しいん》、五十音全体《ごじゅうおんぜんたい》の謂《いい》でこれを「あし」と云《い》う。牙《かび》は兆《きざ》し（萌《きざし》、徴《しるし》）であって、葦《あし》牙《かび》はその五十音《ごじゅうおん》が出現《しゅつげん》する生命始原《せいめいしげん》の発動《はつどう》、気配《けはい》symptom《シンプトム》, omen《オーメン》, moment《モーメント》, motive《モーティヴ》

と云《い》うことである。また牙《かび》（芽《め》）は目《め》・眼《め》であって大八島国《おほやしまのくに》と云《い》われる図形《ずけい》⊠は生《せい》命《めい》（仏陀《ぶつだ》、救世主《きゅうせいしゅ》）の眼目《がんもく》である。本編《ほんぺん》の表題《ひょうだい》を「言霊開眼《げんれいかいがん》」と名付《なづ》けた。

民間《みんかん》の教派神道《きょうはしんとう》に節分《せつぶん》の夜《よる》（立春《りっしゅん》）、艮《うしとら》の金神《こんじん》・国常立尊《くにのとこたちのみこと》が世界《せかい》に現《あら》われると云《い》う預言《よげん》が行《おこな》われて居《い》る。艮《うしとら》（丑寅《うしとら》）は生命《せいめい》の太陽《たいよう》が昇《のぼ》る東北《とうほく》の方角《ほうがく》、金神《こんじん》はカネ、カナ（神名《かな》）の神《かみ》すなわち言霊《げんれい》であり、ここでは特《とく》にその父韻《ふいん》を指《さ》している。易《えき》の乾兌《けんだ》離震巽坎艮坤《りしんそんかんごんこん》の八卦《はっけ》はヒチシキミリイニの八父韻《はちふいん》を象形文字《しょうけいもじ》で説明《せつめい》した概念《がいねん》である。古《ふる》くから五《いつ》つの母音《ぼいん》アオウエイは、風水空火地《ふうすいくうかち》、木水金火土《もくすいごんかど》の五行《ごぎょう》、五大《ごだい》、五要素《ごようそ》として世界《せかい》に知《し》られて居《い》て、その内容《ないよう》は印度《インド》哲学《てつがく》や中国哲学《ちゅうごくてつがく》（易《えき》）に概念的《がいねんてき》に明《あき》らかにされて居《い》る。

然《しか》し八卦《はっけ》である八父韻《はちふいん》の実体《じったい》は三千年来人類《さんぜんねんらいじんるい》の知性活動《ちせいかつどう》の内容《ないよう》として関心《かんしん》を持《も》たれなかった。その生命意志《せいめいいし》の原律《げんりつ》が三千年後《さんぜんねんご》の或《あ》る年《とし》の一月一日《いちがついたち》に、宇宙《うちゅう》の活動《かつどう》の根源《こんげん》として人類《じんるい》に再《ふたた》び自覚《じかく》されると云《い》うのが艮《うしとら》の金神《こんじん》・国常立尊《くにのとこたちのみこと》出現《しゅつげん》の予言《よげん》の意味《いみ》である。

「陰陽則《いんようはか》られざるこれを神《シン》と謂《い》う」（易経《えききょう》）とある渾沌溟濛《こんとんめいもう》の一者《いっしゃ》である始原宇宙《しげんうちゅう》に、

この時忽然《ときこつぜん》として剖判《ぼうはん》が開始《かいし》される。その剖判《ぼうはん》が行《おこな》われる時《とき》は遠《とお》い歴史的《れきしてき》な過去《かこ》の或《あ》る時《とき》ではない。また科学的《かがくてき》だけに説《と》かれる原子《げんし》や生物細胞出現《せいぶつさいぼうしゆつげん》の観念的現象的《かんねんてきげんしようてき》な刹那《せつな》でもない。宇宙剖判《うちゆうぼうはん》とは、意識《いしき》、無意識《むいしき》、自覚無自覚《じかくむじかく》を問《と》わず神《かみ》である各自《かくじ》のうちに、今此処《いまここ》に於《お》いて常《つね》に絶《た》えず行《おこな》われて居《い》る事実《じじつ》である。

至大天球《しだいてんきゆう》は最初《さいしよ》に陰陽《いんよう》の両儀《りようぎ》に剖《わか》れる。両儀《りようぎ》とは主体《しゆたい》と客体《きやくたい》、能動者《のうどうしや》と受動者《じゆどうしや》、顕《あら》わす者《もの》と顕《あら》われる者《もの》、雌《めす》と雄《おす》の二者《にしや》である。その両儀《りようぎ》として現《あら》われた始原《しげん》の内容《ないよう》を、アとワ（吾《あ》と我《わ》）と号《なづ》けられる。次《つ》いで陰陽両儀《いんようりようぎ》それ自体《じたい》が夫々《それぞれ》に四象《ししよう》アオウエ、ワヲ《を》ウヱ《ゑ》に分《わ》かれて両儀《りようぎ》の体《からだ》body《ボディ》の組織《そしき》を構成《こうせい》する。両儀《りようぎ》は鶏卵《けいらん》の中《なか》では白味《しろみ》（蛋白《たんぱく》）と黄味《きみ》（卵黄《らんおう》）として見事《みごと》に区別《くべつ》されて居《い》る。

だが白味《しろみ》と黄味《きみ》だけがあっても雛《ひよこ》は生《う》まれて来《こ》ない。その白味《しろみ》と黄味《きみ》の真中《まなか》に生物学的《せいぶつがくてき》には受精《じゆせい》された胚子《はいし》が始《はじ》めに存《そん》して、この胚子《はいし》の活動《かつどう》によって普通一般《ふつういつぱん》には胚子《はいし》が活動《かつどう》、生長《せいちよう》する事《こと》として雛《ひよこ》が形成《けいせい》されて行《い》く。形而上《けいじじよう》の至大天球《しだいてんきゆう》に於《お》ける白味《しろみ》と黄味《きみ》は母音《ぼいん》（アオウエ）と半母音《はんぼいん》（ワヲ《を》ウヱ《ゑ》）すなわち四象《ししよう》であり、その胚子《はいし》を受精《じゆせい》（受《じゆ》胎《たい》）せしめるものは八律《はちりつ》の父韻《ふいん》すなわち八卦《はっけ》である。父韻《ふいん》は母音半母音《ぼいんはんぼいん》を真中《まなか》から刺《し》激《げき》し、母音半母音《ぼいんはんぼいん》は自己《じこ》の内《うち》に父韻《ふいん》を包摂《ほうせつ》して、心象《しんしょう》と現象《げんしょう》である森羅万象《しんらばんしょう》を創造《そうぞう》して行《い》く。創造《そうぞう》された森羅万象《しんらばんしょう》の単元《たんげん》（モナド）が即《すなわ》ち子音《しいん》である。日本書紀《にほんしょき》は受精《じゅせい》された卵子《らんし》である胚子《はいし》を受精以前《じゅせいいぜん》の精子《せいし》と見《み》て、鶏卵《けいらん》を形而上《けいじじょう》の象徴《しょうちょう》に用《もち》いて居《い》る。

然《しか》らばこの時《とき》、更《さら》に此《こ》の父韻《ふいん》と母《ぼ》（半母《はんぼ》）音《いん》を結合《けつごう》させて、すなわち神話的《しんわてき》には結《けつ》婚《こん》させて第三《だいさん》の現象子音《げんしょうしいん》を創造《そうぞう》する者《もの》は何《なに》か。父《ちち》だけからは子《こ》は生《う》まれない。母《はは》だけからも子《こ》は生《う》まれない。能動者《のうどうしゃ》である男性《だんせい》と受動者《じゅどうしゃ》である女性《じょせい》を結合《けつごう》させて第三《だいさん》のジンテーゼを生《しょう》じる者《もの》、即《すなわ》ち父《ちち》と母《はは》とを揚棄《アウフヘーベン》して一者《いっしゃ》である理体《りたい》としての「親《おや》」（祖《おや》）たらしめる者《もの》は創造《そうぞう》する生命意志《せいめいいし》である。この親《おや》を造物主《ぞうぶつしゅ》creator《クリエイター》と云《い》う。造物主《ぞうぶつしゅ》は万物《ばんぶつ》の親《おや》である。それは母音《ぼいん》、半母音《はんぼいん》の何《いず》れでもない。また単《たん》に父韻《ふいん》だけでもない。是等《これら》は母音《ぼいん》、半母音《はんぼいん》と父韻《ふいん》のすべてを把持操作《はじそうさ》して創造《そうぞう》を行《おこな》う究極《きゅうきょく》の生命意志《せいめいいし》を親音《しんいん》「イ」と号《なづ》ける。理論物理学《りろんぶつりがく》の上《うえ》から云《い》えば母音半母音《ぼいんはんぼいん》は陽子《ようし》である。父韻《ふいん》は電子《でんし》であって、そして親音《しんいん》イは中間子《ちゅうかんし》である。

立春《りっしゅん》の朝《あさ》の啓示《けいじ》（直観《ちょっかん》）は驚異《きょうい》であった。今《いま》までまだ漠然《ばくぜん》とその存在《そんざい》と意義《いぎ》を予想《よそう》して居《い》ただけだった父韻《ふいん》が、明瞭《めいりょう》にその姿《すがた》と存在場所《そんざいばしょ》を顕《あら》わして呉《く》れた。今《いま》まで現象《げんしょう》と共《とも》に、若《も》しくは現象《げんしょう》の中《なか》にあって蠢《うごめ》いて居《い》る如《ごと》く見《み》えて居《い》た。父韻《ふいん》、八卦《はっけ》が生命内《せいめいない》部《ぶ》の核《ニュークリアス》（胚芽《ジャーム》）としてその位置《いち》を確立《かくりつ》した。自分《じぶん》にとって正《まさ》にコペルニクス的転換《てきてんかん》である。古《ふる》い天動説《てんどうせつ》を地動説《ちどうせつ》に変《か》えたのがコペルニクスであったが、造物主《ぞうぶつしゅ》を天界《てんかい》に在《あ》る架空《かくう》の神《かみ》と考《かんが》える宗教的《しゅうきょうてき》には「天《てん》にいます我《われ》らの父《ちち》よ」と主《しゅ》の祈《いの》りにその場所《ばしょ》を示《しめ》されていた天動説《てんどうせつ》が、そして電子《でんし》が陽子《ようし》の外側《そとがわ》に居《い》て、これを取《と》り巻《ま》いている如《ごと》く考《かんが》えて居《い》た物理学的天動説《ぶつりがくてきてんどうせつ》が、再《ふたた》び逆《ぎゃく》に自己生命《じこせいめい》の中心《ちゅうしん》に置《お》き戻《もど》された地動説《ちどうせつ》、内動説《ないどうせつ》に転換《てんかん》した形《かたち》である。生命意志《せいめいいし》は宇宙万物《うちゅうばんぶつ》の、そして人類文明《じんるいぶんめい》の創造者《そうぞうしゃ》、造物主《ぞうぶつしゅ》である。その生命意志《せいめいいし》を把持運営《はじうんえい》する者《もの》は、架空《かくう》に信仰《しんこう》される神《かみ》ではなく人間《にんげん》そのものである。これを国常立尊《くにのとこたちのみこと》と云《い》う。国《くに》は即《すなわ》ち地《くに》である。予言《よげん》の時《とき》が来《き》て立春《りっしゅん》（節分《せつぶん》）に国常立尊《くにのとこたちのみこと》が正《まさ》に世界《せかい》に出現《しゅつげん》した想《おも》いである。国常立尊《くにのとこたちのみこと》は人間自身《にんげんじしん》の中《なか》から現《あらわ》れて来《き》た。

始原宇宙《しげんうちゅう》の構造《こうぞう》が判明《はんめい》したから、これに則《のっと》って図《ず》（図表《ずひょう》2・3）のように言霊《げんれい》マンダラの原図《げんず》（デッサン）が出来上《できあ》がった。凡《およ》そ真理《しんり》を表現《ひようげん》するためには三《みつ》つの要素《ようそ》が揃《そろ》わなければならぬ。第一《だいいち》は言葉《ことば》（直観《ちよつかん》、言霊《げんれい》イア）、第二《だいに》は図形《ずけい》（全体系《ぜんたいけい》の構造《こうぞう》と運行《うんこう》をあらわすマンダラ、言霊《げんれい》エ）。第三《だいさん》は文章《ぶんしよう》（各論《かくろん》、詳述《しようじゆつ》、言霊《げんれい》オ）。然《しか》る後《のち》にこの三《みつ》つを実現《じつげん》、施行《せぎよう》することが第四《だいよん》の言霊《げんれい》ウである。右《みぎ》の三《みつ》つが揃《そろ》わぬものは正確《せいかく》な真理《しんり》と云《い》えない。三《みつ》つがぴたりと一致《いつち》しないものは何処《どこ》か漠然《ばくぜん》として居《い》る。未到《みとう》の糟《かす》が残存《ざんぞん》して居《い》る。仮説《かせつ》が前提《ぜんてい》となっている。前述《ぜんじゆつ》した単元宇宙《たんげんうちゆう》である鶏卵《けいらん》から出発《しゆつぱつ》して、全宇宙《ぜんうちゆう》を構成《こうせい》する言葉《ことば》としての素材《そざい》の全部《ぜんぶ》が顕《あら》われるまでの順序《じゆんじよ》を、改《あらた》めてエ（絵《え》）として図形《ずけい》（図表《ずひよう》2・3）を以《もつ》て示《しめ》した。

初《はじ》め宇宙《うちゆう》は渾沌《こんとん》である。渾沌《こんとん》とは未判断《みはんだん》の謂《いい》である。其処《そこ》に実在五母音《じつざいごぼいん》（五行《ごぎよう》、五大《ごだい》）の内容《ないよう》も識別《しきべつ》されず、その次元的段階《じげんてきだんかい》も整《ととの》って居《い》ない。実在五母音《じつざいごぼいん》を刺激《しげき》して受胎《じゆたい》、受精《じゆせい》させる芽《め》（精子《せいし》）である八父韻《はちふいん》（八卦《はつけ》）の存在《そんざい》も、宇宙《うちゆう》の中《なか》にあるのか外《そと》にあるのか、こちらに自覚《じかく》される生命《せいめい》の主体《しゆたい》に存《そん》するのか、向《むこ》うに見《み》える客体《きやくたい》に存《そん》するのか、それは有《あ》ると予想《よそう》され信仰《しんこう》され基本要求《きほんようきゆう》される「神《かみ》」なるものが操作《そうさ》し

天地開闢《てんちかいびやく》(1)

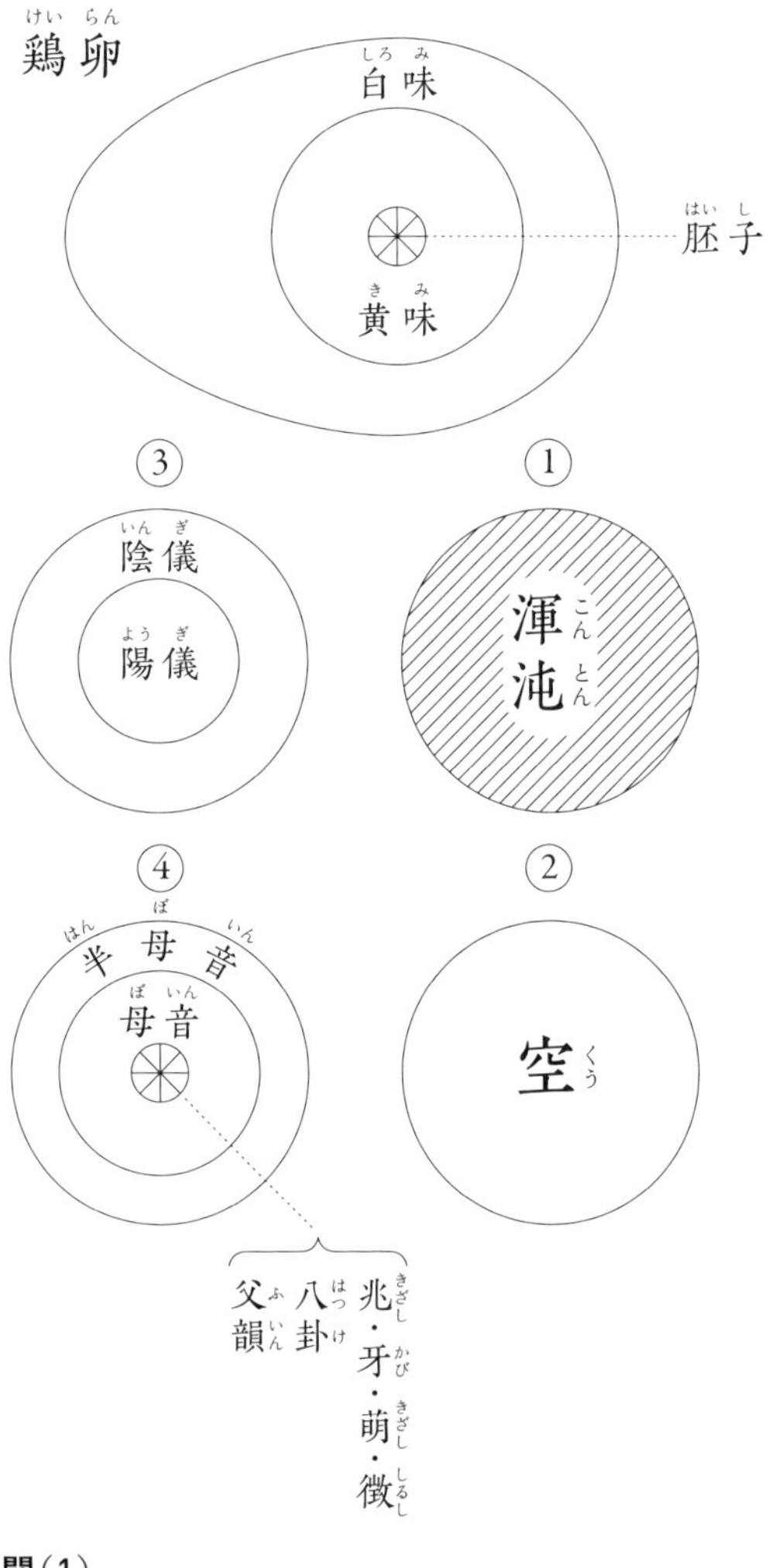

図表-2｜**天地開闢(1)**

天《てん》地《ち》開《かい》闢《びゃく》（2）

生《せい》命《めい》の光《ひかり》（絶《ぜつ》対《たい》）

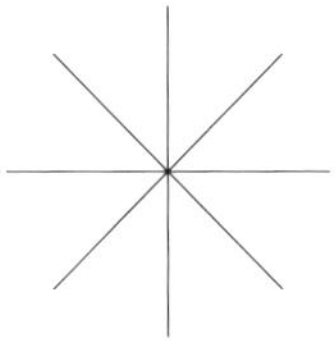

生《せい》命《めい》の光《ひかり》（相《そう》対《たい》）

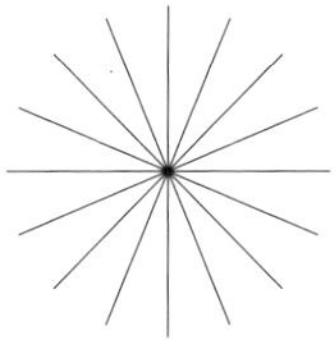

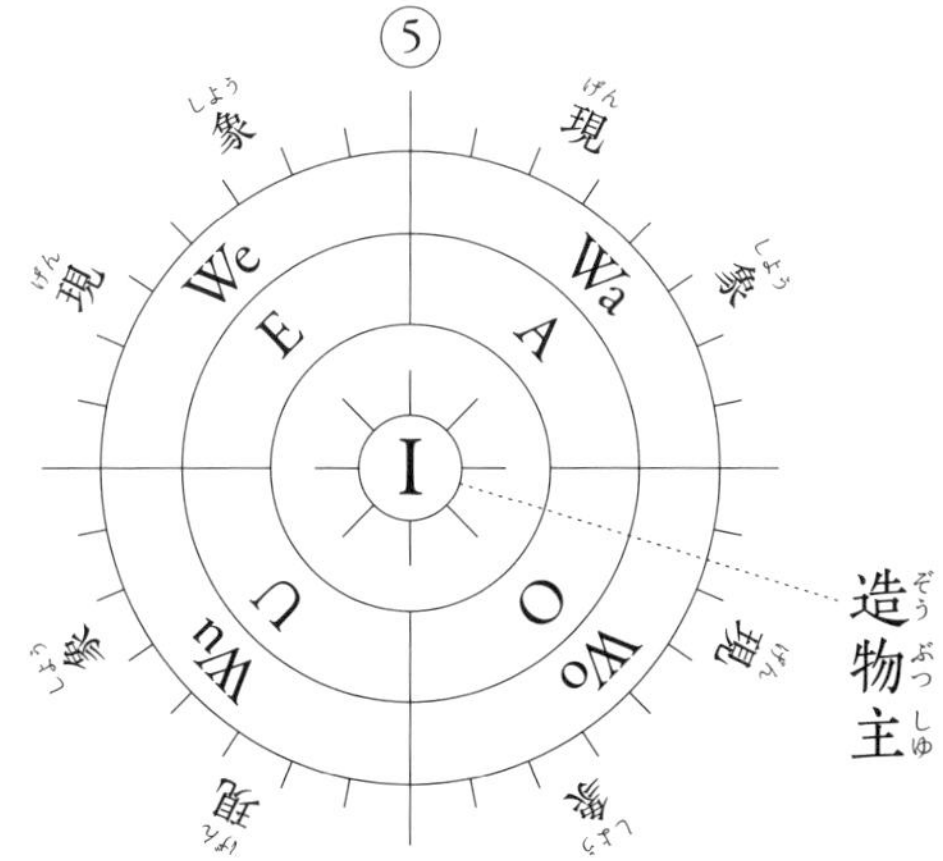

図表-3｜**天地開闢（2）**

て居《い》るのか、そうした宗教的信仰予想《しゅうきょうてきしんこうよそう》は悉《ことごと》くノンセンスであり仮説《かせつ》であって、生命《せいめい》の生成発展《せいせいはってん》と宇宙《うちゅう》の変化活動《へんかかつどう》の根源《こんげん》は、そうした神仏《しんぶつ》に対《たい》する人間《にんげん》の儚《はかな》い信仰《しんこう》を否定《ひてい》（negation《ニゲイション》）したところの、もっと正確明瞭《せいかくめいりょう》な道理《ロゴス》として人間自身《にんげんじしん》の自覚《じかく》の中《なか》に存《そん》するものである。こうした一切《いっさい》の根源的《こんげんてき》な事柄《ことがら》が未判断未開明《みはんだんみかいめい》のままであるのが渾沌《こんとん》である。この未判断未開明《みはんだんみかいめい》の状態《じょうたい》の部分部分《ぶぶんぶぶん》を未解決《みかいけつ》のまま夫々《それぞれ》に担《かつ》ぎ回《まわ》り、引《ひ》きずり回《まわ》して歴史《れきし》の中《なか》を右往左往《うおうさおう》して流《なが》れて行《い》く状態《じょうたい》を業縁《ごうえん》（karma《カルマ》）流転輪廻《るてんりんね》とも云《い》うが、これが今日《こんにち》の世界《せかい》の渾沌《こんとん》であり末法《まっぽう》の姿《すがた》である。

その時《とき》その流転業縁《るてんごうえん》の渾沌《こんとん》は、実《じつ》は自己主体《じこしゅたい》がみずから勝手《かって》に醸《かも》し出《だ》し撒《ま》き散《ち》らして居《い》る黒雲《くろくも》の姿《すがた》である事《こと》を反省《はんせい》する時《とき》、須臾《しゅゆ》にして黒雲《くろくも》の悉《ことごと》くが一掃《いっそう》され、業《ごう》の輪廻《りんね》が停止《ていし》し、矛盾《むじゅん》が統一《とういつ》（統覚《とうかく》）され、主体《しゅたい》の混乱溟濛《こんらんめいもう》に煩《わずら》わされない所《ところ》の明朗《めいろう》な透《とう》徹《てつ》した宇宙自体《うちゅうじたい》の本来《ほんらい》の始原《しげん》の様相《ようそう》が現前《げんぜん》する。それは言霊《げんれい》アの純粋境地《じゅんすいきょうち》である。更《さら》に精《くわ》しく後述《こうじゅつ》するが、それは主観認識《しゅかんにんしき》と客観認識《きゃっかんにんしき》の両頭《りょうとう》が揚棄《ようき》され、主体性《しゅたいせい》と客体性《きゃくたいせい》がぴったりと一致《いっち》した、禅《ぜん》で云《い》う所《ところ》の「一枚《いちまい》」になった統覚《とうかく》の状態《じょうたい》である。「空《くう》」と云《い》われ、易《えき》の太極《たいきょく》と云《い》われるこの一枚《いちまい》の「無字《むじ》」の境域《きょういき》がすべての芸術《げいじゅつ》、宗教《しゅうきょう》、哲学《てつがく》が依《よ》って立《た》つ創造《そうぞう》の根拠《こんきょ》であり出発点《しゅっぱつてん》である。先《ま》ずこの文明《ぶんめい》のスタートを確立《かくりつ》しよう。

この清浄無垢《せいじょうむく》な全宇宙《ぜんうちゅう》の広大無辺《こうだいむへん》の時間空間《じかんくうかん》の始原《しげん》の広《ひろ》がりの中《なか》に於《お》いて、人間即《にんげんすなわ》ち神《かみ》の判断《はんだん》、宇宙《うちゅう》の開闢《かいびゃく》が開始《かいし》されるその判断《はんだん》は、先《ま》ず一《いち》を剖《わ》けて二《に》とする。易《えき》の両儀《りょうぎ》である主体《しゅたい》と客体《きゃくたい》である。能動者《のうどうしゃ》と受動者《じゅどうしゃ》である。然《しか》しこの時《とき》は、宇宙《うちゅう》の始原時代《しげんじだい》であるから未《いま》だ主体客体《しゅたいきゃくたい》、能動受動《のうどうじゅどう》と云《い》う如《ごと》き抽象的概念《ちゅうしょうてきがいねん》は生《う》まれて居《い》ない。然《しか》し宇宙《うちゅう》が両者《りょうしゃ》に剖判《ぼうはん》した事《こと》は、疑《うたが》うべからざる自覚《じかく》であり真事実《しんじじつ》である。この自覚《じかく》を如何《いか》に処置《しょち》したらよいかと云《い》うと、そのためには先《ま》ず、その自覚内容《じかくないよう》に名《な》を付《つ》ければよい。すなわち、この両者《りょうしゃ》（両儀《りょうぎ》）を「ア」と「ワ」と云《い》う言葉《ことば》を以《もっ》て呼《よ》ぶ。

この判断《はんだん》によって生《う》まれた両儀《りょうぎ》と、判断以前《はんだんいぜん》の始原《しげん》の一者《いっしゃ》「ウ」とを併《あわ》せて、ウアワの三音《さんおん》を造化三神《ぞうかさんしん》と云《い》う。正確《せいかく》に云《い》えば、ウアワの三音《さんおん》が造化三神《ぞうかさんしん》そのものである。人間《にんげん》すなわち神《かみ》の知性判断《ちせいはんだん》による、宇宙《うちゅう》に初《はじ》めての言葉《ことば》である。即《すなわ》ち言葉《ことば》としての実《じつ》在《ざい》が顕現《けんげん》した始原《しげん》の消息《しょうそく》であり、ウアワは人間《にんげん》が発見《はっけん》した最初《さいしょ》のロゴスの名《な》である。逆《ぎゃく》にその名《な》がロゴスそのものである。「無名《むめい》（名無《なな》き）は天地《てんち》の始《はじ》めにして、有名《ゆうめい》（名《な》有《あ》る）は万物《ばんぶつ》の母《はは》なり。」（老子《ろうし》）。無名《むめい》とは渾沌又《こんとんまた》は空《くう》であり、有名《ゆうめい》とは実在《じつざい》、実《じつ》体《たい》、実相《じっそう》の名《な》を父韻《ふいん》、母音《ぼいん》、子音《しいん》を以《もっ》て表《あら》わした事《こと》である。

一塵《いちじん》も揚《あ》げぬ清浄無垢《せいじょうむく》な形而上宇宙《けいじじょううちゅう》の始原《しげん》の境域《きょういき》に、初《はじ》めて「もの」が存在《そんざい》を現《あら》わし人間《にんげん》に自覚《じかく》された時《とき》、それは未《いま》だ精神《せいしん》でも物質《ぶっしつ》でもない。その様相《ようそう》は名《な》であり言葉《ことば》であり、名《な》をもって言葉《ことば》をもって示《しめ》される。これを言霊《げんれい》といい、ロゴスと云《い》う。言霊《げんれい》は精神以前《せいしんいぜん》、物質以前《ぶっしついぜん》に森羅万象《しんらばんしょう》が純粋《じゅんすい》に存在《そんざい》する形式《けいしき》である。「太初《はじめ》に言《ことば》あり、言《ことば》は神《かみ》と偕《とも》にあり、言《ことば》は神《かみ》なりき。」（新約《しんやく》ヨハネ伝第一章《でんだいいっしょう》）である。形而上学《けいじじょうがく》と称《しょう》しても、易《えき》の様《よう》に算木《さんぎ》や象形文字《しょうけいもじ》を使《つか》い、西洋哲学《せいようてつがく》の様《よう》に概念《がいねん》を弄《もてあそ》び、或《ある》いは禅《ぜん》のように比喩《ひゆ》や物体《ぶったい》を「指月《しげつ》の指《ゆび》」として居《い》る間《あいだ》は、未《いま》だ純粋《じゅんすい》な形而上学《けいじじょうがく》と云《い》えない。それは形而上《けいじじょう》の実体《じったい》の殻《から》である。殻《から》とは鶏卵《けいらん》の殻《から》の如《ごと》く、その中《なか》に実体《じったい》が入《はい》って居《い》る容《い》れ物《もの》であって、実体《じったい》そのものではない。神道《しんとう》の命題《めいだい》で説明《せつめい》すれば、名《な》は宇宙《うちゅう》に初《はじ》めて出現《しゅつげん》した実体《じったい》であり実存《じつぞん》である。渾沌《こんとん》として取《と》り止《と》めのない宇宙《うちゅう》に、若《も》しくは無限《むげん》の「空《くう》」

である宇宙《うちゅう》に最初《さいしょ》に現《あら》われたものが名《な》であり、言葉《ことば》である。これを「国《くに》」と云《い》い、「島《しま》」と云《い》う。淤能碁呂《おのころ》（己心《おのころ》）島《しま》である。名《な》には夫々《それぞれ》の任務《にんむ》があって、「相《そう》・性《しょう》・体《たい》・力《りき》・作《さ》」（方便品《ほうべんぼん》）を現《あら》わし、母音《ぼいん》、半母音《はんぼいん》、父韻《ふいん》、子音《しいん》、親音《しんいん》と区別《くべつ》される。この名《な》すなわち言霊《げんれい》ロゴスを連《つら》ねて、「空《くう》」である始原《しげん》の全大宇宙全般《ぜんだいうちゅうぜんぱん》の形而上《けいじじょう》の内容《ないよう》を、簡潔《かんけつ》に整理《せいり》し組織《そしき》する。この言霊《ロゴス》の組織《そしき》が、人類《じんるい》が営《いとな》むすべての文《ぶん》明《めい》の素材《ウルザツヘ》であり素描《デッサン》である。神道《しんとう》ではこれを天津菅麻《あまつすがそ》と云《い》う。

知性《ちせい》の創造活動《そうぞうかつどう》は、絶《た》え間《ま》なく演繹進化《えんえきしんか》を続《つづ》けて行《い》く。主体《しゅたい》アは自己《じこ》の内容《ないよう》を更《さら》にウアオエの四《よっ》つに、客体《きゃくたい》ワはウワヲヱ《を　ゑ》の四《よっ》つずつの母音半母音《ぼいんはんぼいん》に剖判《ぼうはん》する。すなわち易《えき》の四象《ししょう》である。四象《ししょう》は印度《インド》哲学《てつがく》の四大《しだい》、空水風火《くうすいふうか》である。然《しか》し四大《しだい》はそれが存在《そんざい》すると自覚《じかく》されるだけに止《とど》まって、未《いま》だ個々《ここ》の心象《しんしょう》、現象《げんしょう》として現《あら》われない。この事《こと》を「みな獨神《ひとりがみ》に成《な》りまして、身《み》を隠《かく》したまひき。」（古事記《こじき》）と云《い》う。

この時《とき》、この四象《ししょう》の中核《ちゅうかく》にこれを刺激《しげき》し、これと結合《けつごう》して心象《しんしょう》と現象《げんしょう》を生《う》んで行《い》く生命《せいめい》の萌芽《ほうが》、germ《ジャーム》, symptom《シンプトム》、酵素《こうそ》、或《ある》いは精子《せいし》、花粉《かふん》が活動《かつどう》する。これを葦牙《あしかび》と云《い》い、神名《しんめい》としては国常立尊《くにのとこたちのみこと》である。それは八種類《はっしゅるい》の生命《せいめい》の刺激《しげき》の力《ちから》に分《わか》れて居《い》る八個《はちこ》の父韻《ふいん》（八卦《はっけ》）である。易《えき》はこの八相《はっそう》を「乾兌離震巽坎艮坤《けんだりしんそんかんごんこん》」を漢字《かんじ》と概念《がいねん》を以《もっ》て説《と》き、筆者《ひっしゃ》の前著《ぜんちょ》『言霊精義《げんれいせいぎ》』では創造《そうぞう》T、収納《しゅうのう》K、整理《せいり》M、開顕《かいけん》H、浸透《しんとう》R、成熟《せいじゅく》N、繁栄《はんえい》Y、調和《ちょうわ》Sと説《と》いたが、これでもまだ概念的《がいねんてき》な理解《りかい》であることを越《こ》えない。

　現象《げんしょう》が発現《はつげん》する最初《さいしょ》の刹那《せつな》に躍《おど》り出《で》て来《く》る現象《げんしょう》のモチーフは、HTSKMRYNの八音《はちおん》すなわち八種類《はっしゅるい》の父韻《ふいん》であって、母音《ぼいん》アオウエと結合《けつごう》した八父韻《はちふいん》は、永久《えいきゅう》に子音《しいん》（現象《げんしょう》）の性質《せいしつ》を決定《けってい》する。HA《(ハ)》と云《い》う子音《しいん》を聞《き》いた時《とき》、そのきっかけの父韻《ふいん》Hが須臾《しゅゆ》にして消《き》えてしまっても、聞《き》いた者《もの》の耳《みみ》にHA《(ハ)》として何時《いつ》までも残《のこ》って居《い》て、母音《ぼいん》Aだけが響《ひび》くのでもなければ、HA《(ハ)》がTA《(タ)》に変化《へんか》してしまうわけでもない。人間《にんげん》の子《こ》は父《ちち》が死《し》んだ後《あと》でも父《ちち》の面影《おもかげ》、性状《せいじょう》を何時《いつ》までも伝《つた》えて居《い》る如《ごと》きものである。現象《げんしょう》が現《あら》われる、現象《げんしょう》を現《あら》わすきっかけとなる精子《せいし》の如《ごと》き花粉《かふん》の如《ごと》き八相《はっそう》を具備《ぐび》する刺激力《しげきりょく》が、HTSKMRYNの八《やっ》つの韻《ひびき》である。

父韻《ふいん》もまた母音《ぼいん》と同《おな》じく、未《いま》だ精神《せいしん》も物質《ぶっしつ》も現《あら》われないそれ以前《いぜん》の宇宙《うちゅう》の実体《じったい》、実《じつ》在《ざい》、実質《じつしつ》である。五《いつ》つの母音《ぼいん》、八《やっ》つの父韻《ふいん》は森羅万象《しんらばんしょう》が生《う》まれる以前《いぜん》の超越《ちょうえつ》した本体《ほんたい》界《かい》、実体界《じったいかい》、高天原《たかあまはら》の始原《しげん》の内容《ないよう》であって、これを先天《せんてん》（先験《せんけん》・アプリオリ）と云《い》い、古神道《こしんとう》に於《お》いては「天津神諸《あまつかみもろもろ》の命《みこと》（御言《みこと》）」と云《い》う。かくして宇宙《うちゅう》に先天《せんてん》の全内《ぜんない》容《よう》が整《ととの》った時《とき》「もの」を顕《あら》わすきっかけ、原動力《げんどうりょく》、刺激《しげき》、motive《モーティヴ》, moment《モーメント》である父《ふ》韻《いん》と、「もの」として顕《あら》われるbody《ボディ》である母音《ぼいん》とが結《むす》び付《つ》いて万象《ばんしょう》が生《う》まれて来《く》る。この時《とき》、万物《ばんぶつ》の父母《ふぼ》（男女《だんじょ》・雌雄《しゆう》）を結《むす》び付《つ》けて、「親《おや》」（祖《おや》）としての協同《きょうどう》の働《はたら》きを行《おこな》うもう一《ひと》つの実在《じつざい》がある。これを号《なづ》けて「イ」（ヰ《ゐ》）と云《い》う。創造者《そうぞうしゃ》であり造物《ぞうぶつ》主《しゅ》である。

　創造《そうぞう》する始原《しげん》の生命意志《せいめいいし》が存在《そんざい》し活動《かつどう》する領域《りょういき》は、現代人類《げんだいじんるい》が世界《せかい》の現実《げんじつ》を経営《けいえい》する為《ため》に用《もち》いて居《い》る、アオウエ（木水金火《もくすいごんか》、風水空火《ふうすいくうか》）の四智《しち》から超越《ちょうえつ》した次元《じげん》に存《そん》し、其処《そこ》では心《こころ》とか物《もの》とかが生《う》まれる以前《いぜん》の境域《きょういき》に於《お》いて、神《かみ》と云《い》われる形而上《けいじじょう》の生命《せいめい》が純粋《じゅんすい》の様態《ようたい》に存在《そんざい》して居《い》る。この領域《りょういき》はアオウエの四智《しち》を超《こ》えた第五次元《だいごじげん》のイ（土《ど》、地《ち》）の領域《りょういき》である。この領域《りょういき》を神道《しんとう》では高天原《たかあまはら》と云《い》い、基督教《キリストきょう》では天国《てんごく》、パラダイスと云《い》い、仏教《ぶっきょう》では補陀落《ふだらく》、或《ある》いは極楽《ごくらく》と云《い》われる仏国土《ぶっこくど》である。アオウエ・イを印度《インド》哲学《てつがく》でĀTMAN《アートマン》, KARMA《カルマ》, BRAHMĀ《ブラフマー》, DHARMA《ダルマ》, PRĀNA《プラーナ》の五《ご》と説《と》いたら判《わか》り易《やす》い。

今日《こんにち》の人類《じんるい》は、此《こ》の第五次元《だいごじげん》の世界《せかい》を単《たん》に架空《かくう》の信仰《しんこう》、希望《きぼう》、要求《ようきゅう》の対象《たいしょう》としてのみ取扱《とりあつか》って居《い》て、それが実際《じっさい》に存《そん》する事《こと》を忘《わす》れて居《い》るが、精神《せいしん》と物質《ぶっしつ》のもう一《ひと》つ奥《おく》に、若《も》しくはその上《うえ》に存在《そんざい》する形而上《けいじじょう》の純粋《じゅんすい》の実在《じつざい》、実存《じつぞん》である。すべての精神《せいしん》と物質《ぶっしつ》の現象《げんしょう》は、生命《せいめい》であるこの実在《じつざい》の内容《ないよう》がその姿《すがた》を顕《あら》わしたところのものである。精神《せいしん》や物質《ぶっしつ》は、宇宙《うちゅう》に第一次的《だいいちじてき》に存在《そんざい》するものではなく、第一次《だいいちじ》の存在《そんざい》である生命《せいめい》が、第二《だいに》次的《じてき》に現象《げんしょう》したものが心《こころ》であり物《もの》である。

言《げん》霊《れい》曼《マン》荼《ダ》羅《ラ》（絶《ぜっ》対《たい》界《かい》）

世界人類《せかいじんるい》、特《とく》に太古《たいこ》の日本人《にほんじん》、大和民族《やまとみんぞく》は、以上超越《いじょうちょうえつ》した形而上《けいじじょう》の始原生命《しげんせいめい》の自覚《じかく》の世界《せかい》に於《お》いて、純粋《じゅんすい》の言葉《ことば》として初《はじ》めて発生《はっせい》した言霊《げんれい》、ロゴス、母音《ぼいん》、父韻《ふいん》と、その父韻母音《ふいんぼいん》が活動《かつどう》し結合《けつごう》し交流《こうりゅう》することによって、最初《さいしょ》に顕現《けんげん》した三十二個《さんじゅうにこ》の子音《しいん》を併《あわ》せて、その全部《ぜんぶ》の組織《そしき》を整理《せいり》して図形《ずけい》として、きっちりと配列呈示《はいれつていじ》した。斯《こ》うした形而上《けいじじょう》の実在《じつざい》、実存《じつぞん》の配列《はいれつ》を仏教《ぶっきょう》では曼荼羅《マンダラ》と云《い》う。仏教《ぶっきょう》では仏《ほとけ》、菩薩《ぼさつ》の像《ぞう》を並《なら》べて示《しめ》すが、日本《にほん》のそれは言霊《げんれい》を以《もっ》てするマンダラである。仏教《ぶっきょう》のマンダラはロゴスの絵画《かいが》、象徴的解説《しょうちょうてきかいせつ》であるが、言霊《げんれい》マンダラは、それ自体《じたい》が生命《せいめい》の生粋《きっすい》の始原《しげん》の真理《しんり》、真実存《しんじつぞん》の組織《そしき》であって、生命《せいめい》の知恵《ちえ》である。布斗麻邇言霊《ふとまにげんれい》イを知《し》らぬ、現代人《げんだいじん》の四智《しち》（アオウエ）を以《もっ》てしては、その概念的《がいねんてき》、芸術的《げいじゅってき》、象徴的《しょうちょうてき》、断片的《だんぺんてき》な説明《せつめい》をなし得《え》るに止《とど》まる。若《も》しくは、科学的《かがくてき》な模索《もさく》の過程《かてい》を紹介《しょうかい》するだけに限《かぎ》られる。四智《しち》の活動《かつどう》は、布《ふ》斗麻邇《とまに》イの創造活動《そうぞうかつどう》の所産《しょさん》であるから、創《つく》られた者《もの》は創《つく》る者《もの》に遡《さかのぼ》り得《え》ない。生《う》まれた子《こ》は父母《ふぼ》の姿《すがた》を宿《やど》して現《あら》われるが、父母《ふぼ》の産《う》む働《はたら》き（親《おや》）そのものではない。

イの境域《きょういき》は、父《ちち》（男《おとこ》）だけでも母《はは》（女《おんな》）だけでもない。両者《りょうしゃ》の性能《せいのう》が最《もっと》も高次元《こうじげん》に綜合《そうごう》された一者《いっしゃ》である「親《おや》」、すなわち造物主《ぞうぶつしゅ》の全内容《ぜんないよう》と活動《かつどう》と所産《しょさん》を示《しめ》すからABSOLUTE《アブソリュート》のマンダラと云《い》う。これは伊勢五十鈴《いせいすず》の宮《みや》の、五十《ごじゅう》の鈴《すず》（言霊《げんれい》）の構造《こうぞう》である。鈴《すず》は発声器官《はっせいきかん》である口《くち》の形《かたち》をなして居《い》る。裂口代《さくくしろ》と云《い》う。全宇宙《ぜんうちゅう》を無色《むしょく》の空寂《くうじゃく》の世界《せかい》と観《かん》ずることは、それはこの五十種《ごじゅっしゅ》の音全部《おんぜんぶ》を内容《ないよう》として、然《しか》も絶対無音静寂《ぜったいむおんせいじゃく》である円形《えんけい》（球形《きゅうけい》）の拡《ひろ》がり、SPHERE《スフィア》と見《み》ることである。斯《こ》うした宇宙全体《うちゅうぜんたい》であり、その全体《ぜんたい》であり、内容《ないよう》として親《おや》、父《ちち》、母《はは》、子《こ》の組織《そしき》と調和《ちょうわ》を完全《かんぜん》に具備《ぐび》した本体《ほんたい》が組織《そしき》されて居《い》る境域《きょういき》を、キリスト教《きょう》では天国《てんごく》、HEAVEN《ヘヴン》、PARADISE《パラダイス》と呼《よ》び、ユダヤ民族《みんぞく》はアブラハム、モーゼ以来《いらい》その存在《そんざい》を信《しん》じ、その出現《しゅつげん》を念願《ねんがん》して来《き》た。仏教《ぶっきょう》に於《お》いては、その完全《かんぜん》な組織調和《そしきちょうわ》の世界《せかい》を阿弥陀仏《あみだぶつ》の極楽《ごくらく》

ELYSIUM《イリジアム》と号《なづ》けて、その功徳《くどく》を阿弥陀経《あみだきょう》の中《なか》に芸術的《げいじゅつてき》に描写紹介《びょうしゃしょうかい》して居《い》る。

以上《いじょう》は絶対界言霊曼荼羅《ぜったいかいげんれいマンダラ》の宗教的説明《しゅうきょうてきせつめい》であるが、これに対《たい》する信仰《しんこう》や基本要求等《きほんようきゅうなど》の既成観念《きせいかんねん》を除去《じょきょ》して哲学的命題《てつがくてきめいだい》としてその意義《いぎ》を示《しめ》すならば、それは、「万物《ばんぶつ》に唯一共通《ゆいいつきょうつう》の先天的存在形式《せんてんてきそんざいけいしき》」と言《い》ったらよかろう。すなわちこれは、宇宙《うちゅう》とその生命《せいめい》が存在《そんざい》し活動《かつどう》する上《うえ》の、基本的唯一《きほんてきゆいいつ》絶対《ぜったい》の範疇《はんちゅう》（形式《けいしき》、律法《りっぽう》）である。「萬《よろづ》の物《もの》これに由《よ》りて成《な》り、成《な》りたる物《もの》に一《ひと》つとして之《これ》によらで成《な》りたるはなし。」（新約《しんやく》ヨハネ伝第一章《でんだいいっしょう》）とある所《ところ》の神《かみ》、すなわち言葉《ロゴス》の範疇《はんちゅう》である。

この範疇《はんちゅう》を再《ふたた》び此《こ》の世《よ》に齎《もた》らす者《もの》が再臨《さいりん》のキリスト、救世主《きゅうせいしゅ》であり、世界《せかい》の王《おう》の王《おう》である。彼《かれ》はこのマンダラを頭《あたま》に頂《いただ》いて、すなわちその意義《いぎ》を自覚体得《じかくたいとく》して出現《しゅつげん》するから、マンダラ既《すなわ》ち王《おう》の王《おう》の王冠《おうかん》である。この神《かみ》すなわち生命《せいめい》の律法《りっぽう》を、四智《しち》だけを運用《うんよう》して居《い》る不完全《ふかんぜん》な現世《げんせい》に実現施行《じつげんせぎょう》して、文明《ぶんめい》の完成《かんせい》を図《はか》る者《もの》が転輪聖王《てんりんじょうおう》、阿弥陀如来《あみだにょらい》であり、下生《げしょう》の弥勒仏《みろくぶつ》である。伊勢五十鈴《いせいすず》の宮《みや》の本義正体《ほんぎしょうたい》は、日本民族《にほんみんぞく》の信仰《しんこう》と云《い》う扉《とびら》の中《なか》に三千年閉鎖秘蔵《さんぜんねんへいさひぞう》されて居《い》た。その信仰《しんこう》の扉《とびら》を開《ひら》いて、長《なが》い間《あいだ》の神秘《しんぴ》（謎《なぞ》）

を神明《しんめい》（明白《めいはく》な原理《げんり》）に開顕呈示《かいけんていじ》することが天《あま》の岩戸開《いわとびら》きである。

この扉《とびら》は太古神代《たいこかみよ》に於《お》いては、普《あまね》く全人類《ぜんじんるい》の前《まえ》に開《ひら》かれて居《い》たものであった。この故《ゆえ》に今回《こんかい》の開顕《かいけん》を「二度目《にどめ》の天《あま》の岩戸開《いわとびら》き」とも云《い》う。歴史的政治的《れきしてきせいじてき》には崇神天皇《すじんてんのう》が言霊三種《げんれいさんしゅ》の神器《じんぎ》の同床共殿《どうしょうきょうでん》を廃止《はいし》して、笠縫《かさぬい》の宮《みや》の神秘《しんぴ》の中《なか》に閉鎖《へいさ》して以来《いらい》の事《こと》である。救世主《きゅうせいしゅ》、下生《げしょう》の仏陀《ぶつだ》の正体《しょうたい》は、超能力《ちょうのうりょく》を有《ゆう》する如《ごと》き人間《にんげん》のようなものでなく、それは日蓮《にちれん》が説《と》く如《ごと》く法《ほう》であり、律法《おきて》である。新《あたら》しくそして古《ふる》い、永遠不変恒常《えいえんふへんこうじょう》の生命《せいめい》の原理《げんり》である。その原理《げんり》は唯心論《ゆいしんろん》、唯識論《ゆいしきろん》ではない。唯物論《ゆいぶつろん》でもない。心理学《しんりがく》でも生物学《せいぶつがく》でも物理学《ぶつりがく》でさえもない。その救世主《きゅうせいしゅ》の原理《げんり》の構成要素《こうせいようそ》は、言葉《ロゴス》であり言《こと》霊《だま》である。

言《げん》霊《れい》曼《マン》荼《ダ》羅《ラ》・絶《ぜつ》対《たい》界《かい》

伊《い》勢《せ》五《い》十《す》鈴《ず》の宮《みや》

パラダイス・天国《てんごく》・極楽《ごくらく》の基本構造《きほんこうぞう》

妙法蓮華《みょうほうれんげ》（八葉《はちよう》の蓮華《れんげ》の法則《ほうそく》）

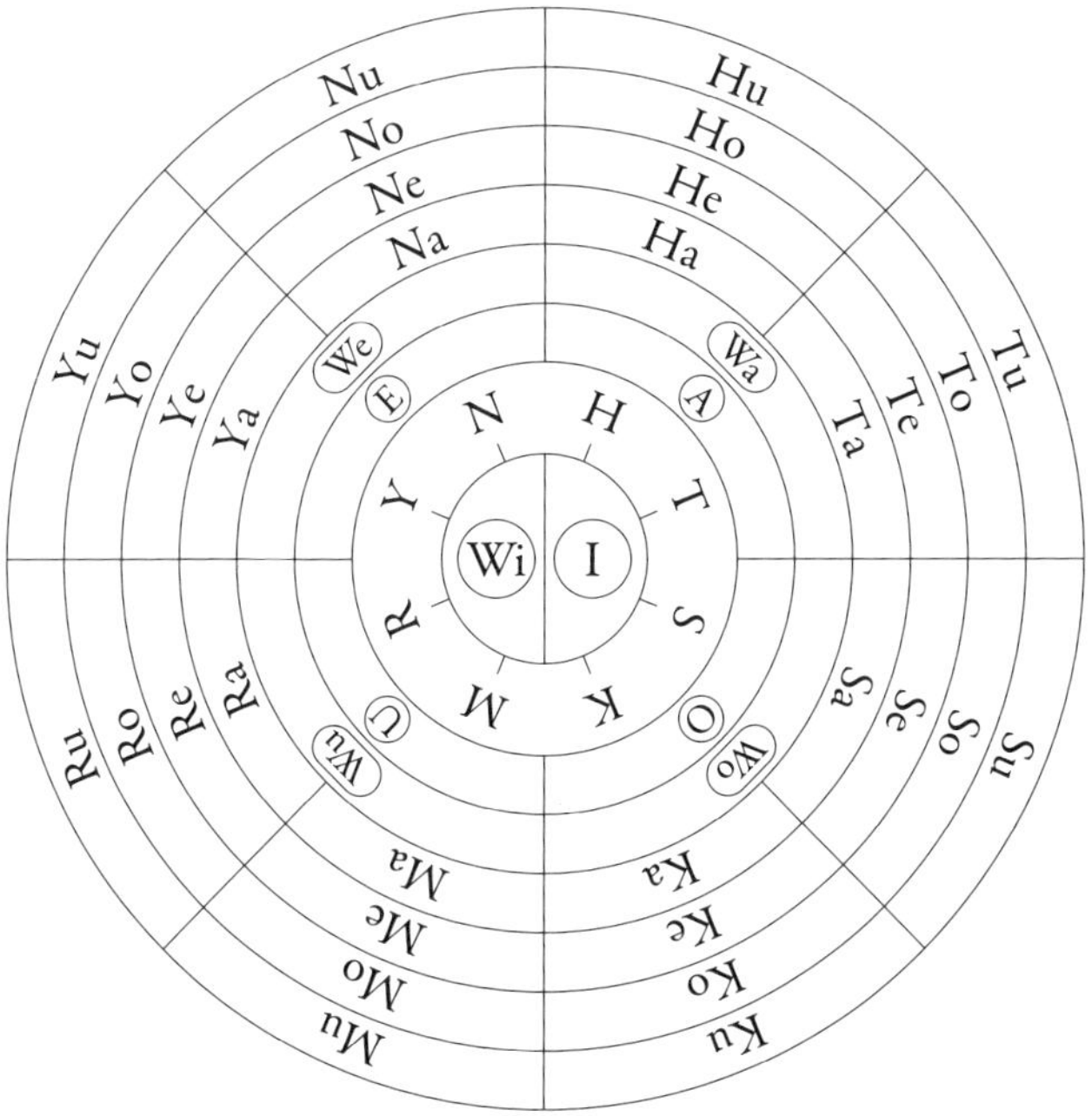

八咫鏡《やたのかがみ》（八頭《やた》の言霊《げんれい》の範疇《はんちゅう》）

萬有《ばんゆう》に唯一共通《ゆいいつきょうつう》の先験的《せんけんてき》な存在《そんざい》の範疇《はんちゅう》

図表-4｜**言霊曼荼羅・絶対界**

現象《げんしょう》の相似性《そうじせい》（相似象《そうじしょう》）

話《はな》しが一転《いってん》するが、万有《ばんゆう》の相似象《そうじしょう》に就《つ》いて『言霊精義《げんれいせいぎ》』の中《なか》でその一端《いったん》を紹介《しょうかい》した。物理学者《ぶつりがくしゃ》、楢崎皐月氏《ならさきさつきし》が初《はじ》め満州《まんしゅう》の道士《どうし》から神代文字形式《かみよもじけいしき》の図形《ずけい》を授《さず》かり、その後《ご》、神戸《こうべ》の六甲山頂《ろっこうさんちょう》に一《いっ》ケ月参籠《げつさんろう》して神仙《しんせん》から八十首程《はちじゅっしゅほど》の神歌《かみうた》を授《さず》かり、その歌《うた》を理論物《りろんぶつ》理学《りがく》の上《うえ》から解明《かいめい》して、万有《ばんゆう》の基本構造《きほんこうぞう》を明《あき》らかになし得《え》たと云《い》う事《こと》である。「ウズメ」と云《い》う活動《かつどう》する微粒子《びりゅうし》と、「アワ」と云《い》う実質《じっしつ》との交流結合《こうりゅうけつごう》によって現象《げんしょう》が発生《はっせい》する。万象《ばんしょう》はこの方式《ほうしき》の下《もと》に発生《はっせい》するから、従《したが》ってマクロとミクロの世界《せかい》は問《と》わず、万《ばん》物《ぶつ》は同一《どういつ》相似《そうじ》の形態《けいたい》を持《も》って居《い》ると云《い》うのが相似象学《そうじしょうがく》である。神歌《かみうた》は古代日本語《こだいにほんご》（大和言葉《やまとことば》）に似《に》た言語《げんご》で綴《つづ》られてあるが、その日本語《にほんご》は必《かなら》ずしも「ウエツフミ」等《など》の古文献《こぶんけん》に遺《のこ》された言葉《ことば》と一致《いっち》しない。これを読《よ》み釈《と》く事《こと》は至難《しなん》の仕事《しごと》であったろうが、楢崎氏《ならさきし》は理論物理学《りろんぶつりがく》を背景《はいけい》にしたから一応解読《いちおうかいどく》が可能《かのう》であった様《よう》である。その釈《と》き得《え》た相似象学《そうじしょうがく》の体系《たいけい》は、筆者《ひっしゃ》が研究《けんきゅう》して来《き》た古事記《こじき》、法華経《ほけきょう》、聖書《せいしょ》、易経《えききょう》を土台《どだい》とする言霊学《げんれいがく》の法則《ほうそく》と符号《ふごう》する箇所《かしょ》が多々《たた》存在《そんざい》するので、興味《きょうみ》と期待《きたい》を以《も》って数《すう》カ月間《げっかん》、楢崎氏《ならさきし》の著書《ちょしょ》に没頭《ぼっとう》した。生前《せいぜん》、同氏《どうし》と面接《めんせつ》の機会《きかい》がなかった。神憑《かみがか》りと云《い》われる宗教的神秘《しゅうきょうてきしんぴ》から突然物理学《とつぜんぶつりがく》の世界《せかい》へ飛《と》び出《だ》して来《き》た、物理学《ぶつりがく》の面《めん》での相似象学《そうじしょうがく》に対《たい》する責任《せきにん》を楢崎氏《ならさきし》が亡《な》くなった後《あと》、言霊学者《げんれいがくしゃ》として自分《じぶん》は自分《じぶん》なりに感《かん》じて居《い》る。

楢崎氏《ならさきし》に古代日本語《こだいにほんご》の神歌《かみうた》を伝授《でんじゅ》した平十字《ひらとうじ》と云《い》う仙人《せんにん》（霊人《れいじん》）は、そうした長寿《ちょうじゅ》の神仙《しんせん》が役小角《えんのおづぬ》のように、日本《にほん》の深山幽谷《しんざんゆうこく》に人知《ひとし》れず生存《せいぞん》して居《い》るものかも知《し》れぬ。それともそれは、楢崎氏自身《ならさきしじしん》の一《いっ》ケ月《げつ》に亙《わた》った、長《なが》い神憑《かみがか》り恍惚状態《こうこつじょうたい》の結果《けっか》であったかも知《し》れぬ。どちらでもよいが、古代《こだい》の人間《にんげん》の知恵《ちえ》は長《なが》い間《あいだ》の歴史《れきし》の底流《ていりゅう》に於《お》ける潜伏《せんぷく》期間《きかん》を経《へ》て、突然《とつぜん》に意識《いしき》の表面《ひょうめん》に現《あら》われて来《く》る。動植物《どうしょくぶつ》には往々《おうおう》にこうした突然変異《とつぜんへんい》、祖先還元《そせんかんげん》が起《お》こるのだから、それが人間《にんげん》に起《お》こっても差《さ》し支《つか》えなかろう。

相似象《そうじしょう》の様相《ようそう》

（文明《ぶんめい》の各部門《かくぶもん》は生命《せいめい》の律法《りっぽう》に相似《そうじ》である）

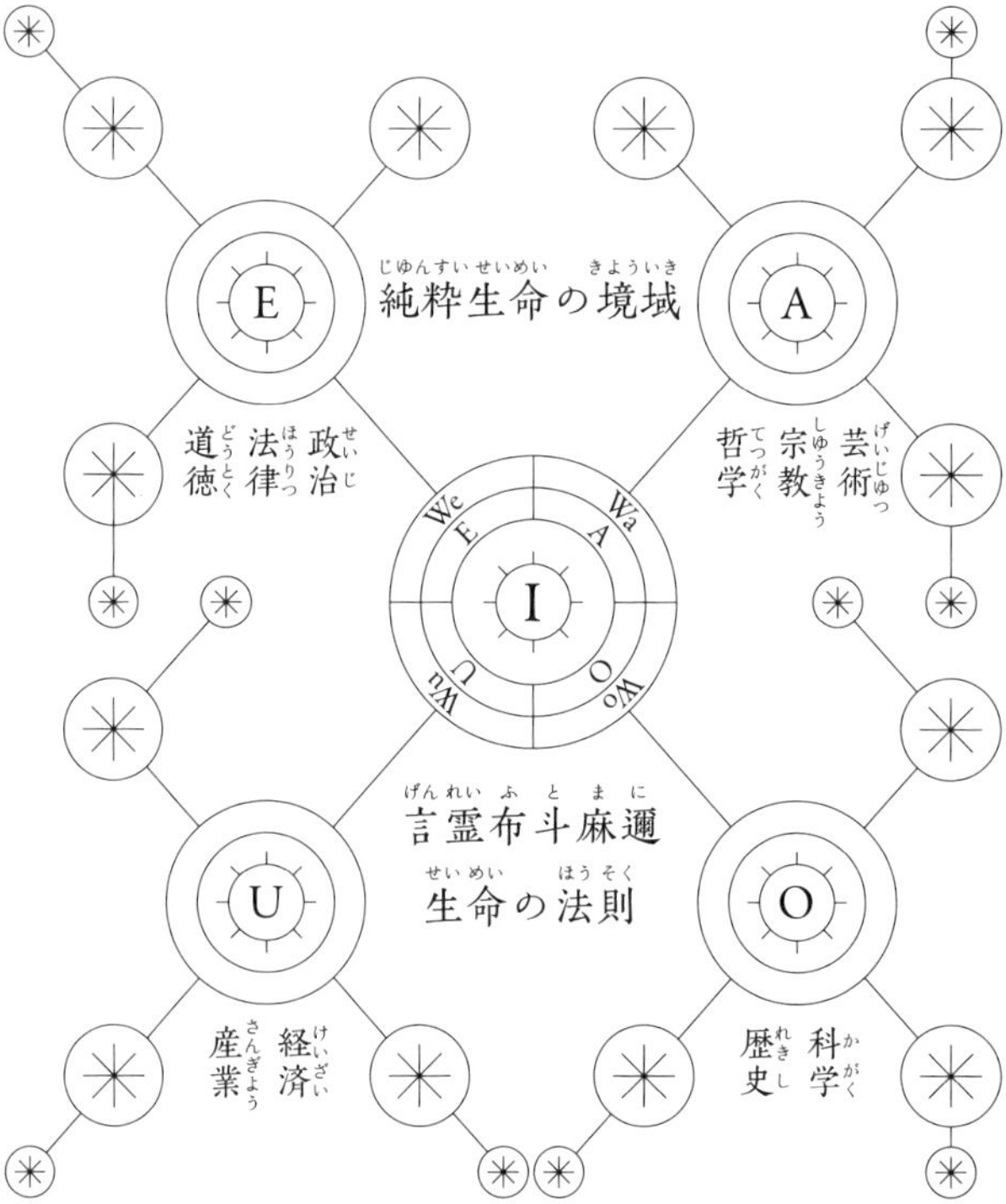

図表-5｜**相似象の様相**

その仙人《せんにん》はその昔《むかし》の妖術者《ようじゅつしゃ》、蘆屋道満《あしやどうまん》の裔《すえ》であると云《い》う。蘆屋《あしや》の町《まち》は六甲《ろっこう》の麓《ふもと》にある。道満《どうまん》は当時《とうじ》の陰陽師安倍晴明《おんみょうじあべのせいめい》と争《あらそ》って、罪《つみ》を蒙《こうむ》って誅《ちゅう》せられたと伝説《でんせつ》にある。陰陽師《おんみょうじ》とは、当時《とうじ》の宮廷《きゅうてい》に仕《つか》えた易経《えききょう》や、帰化《きか》ユダヤ人《じん》のカバラの数理《すうり》を算木《さんぎ》や筮竹《ぜいちく》を以《もっ》て操作《そうさ》する占術師《せんじゅつし》のことである。楢崎氏《ならさきし》が説《と》くカタカムナ（片仮名《かたかな》）の歌《うた》は、易《えき》の「繋辞伝《けいじでん》」等《など》とはまた相違《そうい》する理論《りろん》の運用法《うんようほう》である。晴明《せいめい》と道満《どうまん》の間《あいだ》に、理論《りろん》と勢力《せいりょく》の争《あらそ》いがあったようだ。易《えき》にせよカタカムナにせよ、幽顕《ゆうけん》、主体客体《しゅたいきゃくたい》に隔《へだ》たって居《い》ても、何《いず》れも真理《しんり》の一端《いったん》を伝《つた》えて居《い》るものであるから、双方《そうほう》の真理《しんり》を整理照合《せいりしょうごう》してまとめることが我々《われわれ》の仕事《しごと》である。言霊《げんれい》を以《もっ》て易《えき》に生命《せいめい》あらしめ、同《おな》じくカタカムナを（そしてカバラを）もう一度《いちど》、言霊《げんれい》の光《ひかり》に照《て》らして検討《けんとう》することである。

相似象《そうじしょう》と云《い》う言葉《ことば》を聞《き》いて、言霊《げんれい》そのものが同《おな》じく相似象《そうじしょう》として展開《てんかい》している事《こと》に気《き》が付《つ》いた。楢崎氏《ならさきし》はその理論《りろん》を物理学的現象《ぶつりがくてきげんしょう》の世界《せかい》にだけ展開《てんかい》したが、カタカムナの構造《こうぞう》の代《かわ》りに言霊《げんれい》の組織《そしき》を以《も》ってする時《とき》、それが物理学《ぶつりがく》の世界《せかい》だけではなく、精神《せいしん》の世界《せかい》、心理《しんり》の世界《せかい》、生命《せいめい》の世界《せかい》にもそのまま適用《てきよう》される。そしてカタカムナの理論物理《りろんぶつり》学《がく》と言霊《げんれい》の形而上学《けいじじょうがく》とを併《あわ》せてみると、文明《ぶんめい》の霊肉物心両般《れいにくぶっしんりょうはん》を引《ひ》っ括《く》るめて、すべての事象《じしょう》が悉《ことごと》く相似形《そうじけい》に構成組織《こうせいそしき》されていると云《い》う、根本《こんぽん》の理論《りろん》が洗《あら》い出《だ》されて来《き》た。

図《ず》（図表《ずひょう》5）の如《ご》く、真中《まなか》に言霊曼荼羅《げんれいマンダラ》を中心《ちゅうしん》のイ（布斗麻邇《ふとまに》）の位置《いち》に安置《あんち》して、これをアオウエの四智《しち》に展開《てんかい》する時《とき》、人類文明《じんるいぶんめい》は霊肉物心《れいにくぶっしん》 主客両面《しゅかくりょうめん》にわたって、悉《ことごと》く相似形《そうじけい》をなすものである事《こと》が容易《ようい》に納得《なっとく》される。万象《ばんしょう》が相似《そうじ》であると云《い》う事《こと》は、個々《ここ》の事象《じしょう》がお互《たが》い相似《そうじ》である為《ため》ではない。それはすべての個々《ここ》一《ひと》つ一《ひと》つの事象《じしょう》が、中心《ちゅうしん》の生命構造《せいめいこうぞう》に相似《そうじ》であるが故《ゆえ》に、従《したが》って個々《ここ》の事象《じしょう》が、お互《たが》い相似《そうじ》であると云《い》うわけである。$A=B, A=C, A=D, A=E; B=C=D=E$。

文明《ぶんめい》を創造《そうぞう》する者《もの》は人間《にんげん》の生命《せいめい》である。生命《せいめい》の機能《きのう》と能力《のうりょく》は、全世界《ぜんせかい》を挙《あ》げて唯《ただ》一種《いっしゅ》である。この唯一種《ただいっしゅ》の智恵《ちえ》を種智《しゅち》と云《い》い、種子識《しゅうじしき》と云《い》う。生物学的《せいぶつがくてき》に云《い》えば、世《せ》界《かい》には唯一種類《ただいっしゅるい》のホモ・サピエンスしか居《い》ない。人間《にんげん》の種智《しゅち》とは、生物学的《せいぶつがくてき》に云《い》うならば、ホモ・サピエンスの染色体《せんしょくたい》の智恵《ちえ》である。アフリカの奥地《おくち》の黒人《こくじん》も、アラスカのエスキモー人《じん》も、中国人《ちゅうごくじん》も、欧米人《おうべいじん》も、持《も》って生《う》まれた染色体《せんしょくたい》の構成《こうせい》は同一《どういつ》であり、生命《せいめい》の能力《のうりょく》、構造《こうぞう》すなわち種智《しゅち》、種子識《しゅうじしき》は同一《どういつ》であり共通《きょうつう》である。生命《せいめい》の能力《のうりょく》と構造《こうぞう》をロゴス（律法《りっぽう》）と云《い》う。ロゴスは言葉《ことば》を以《も》って構成《こうせい》され、言葉《ことば》によって活用《かつよう》される。全人類《ぜんじんるい》に唯一共通《ゆいいつきょうつう》の生命《せいめい》の律法《りっぽう》は、唯一共通《ゆいいつきょうつう》の言葉《ロゴス》によって顕《あら》わし示《しめ》される。アフリカ人《じん》のロゴス、アラスカ人《じん》のロゴス、ヨーロッパ人《じん》のロゴス、東洋人《とうようじん》のロゴス、南米人《なんべいじん》のロゴスと住《す》まう土地《とち》（民族《みんぞく》）と、その経《へ》て来《き》た歴史上《れきしじょう》の因縁《いんねん》の差異《さい》によって、先天《せんてん》から継承《けいしょう》したロゴスが相違《そうい》することはない。

人間《にんげん》の人間性《にんげんせい》は全世界《ぜんせかい》に唯一共通《ゆいいつきょうつう》である。生命学的《せいめいがくてき》には人間《にんげん》の「種《しゅ》」の所以《ゆえん》であって、永劫不変《えいごうふへん》である生命《せいめい》の法則《ほうそく》の存在《そんざい》を忘《わす》れて、その法則《ほうそく》の途中《とちゅう》と歴史《れきし》の途中《とちゅう》から発生《はっせい》した。例《たと》えば、キリスト教《きょう》と仏教《ぶっきょう》との間《あいだ》に於《お》ける如《ごと》き、宗教上《しゅうきょうじょう》の見解《けんかい》の末端《まったん》の相違《そうい》や、哲学上《てつがくじょう》の理論《りろん》の樹《た》て方《かた》の全体的矛盾《ぜんたいてきむじゅん》（例《たと》えば唯物論《ゆいぶつろん》と唯心論《ゆいしんろん》、唯識論《ゆいしきろん》の如《ごと》き）齟齬《そご》に拘泥《こうでい》し、過去《かこ》の戦争《せんそう》の怨恨《えんこん》を温存《おんぞん》したり助長《じょちょう》したり、利害《りがい》と感情《かんじょう》の対立《たいりつ》に執拗《しつよう》にこだわったりすることから発生《はっせい》する、大小様々《だいしょうさまざま》な矛盾《むじゅん》が闘争《とうそう》の原因《げんいん》になって行《い》く。世界《せかい》に五十億《ごじゅうおく》の人類《じんるい》が居《い》るが、その人類《じんるい》は本来決《ほんらいけっ》して烏合《うごう》の衆《しゅう》ではない。国家《こっか》に憲法《けんぽう》法《ほう》律《りつ》が行《おこな》われない時《とき》は無政府状態《むせいふじょうたい》であるが、五十億《ごじゅうおく》の人類《じんるい》は本来各自《ほんらいかくじ》に共通《きょうつう》で、人類全体《じんるいぜんたい》に唯一《ゆいいつ》である。普遍《ふへん》の生命《せいめい》のロゴス（律法《りっぽう》）を持《も》って生《う》まれて来《き》ている。この人類各自《じんるいかくじ》の、人類全体《じんるいぜんたい》に共通《きょうつう》の生命《せいめい》の憲法《けんぽう》の存在《そんざい》を忘《わす》れ、その内容《ないよう》を自覚《じかく》せず、これを世界《せかい》に施行《せぎょう》しようとしないから、ロゴスに則《のっと》ることなき法《ほう》を国際憲章《こくさいけんしょう》や国家民族《こっかみんぞく》の法律《ほうりつ》とし、個人《こじん》の軌範《きはん》として居《い》るから、地球上《ちきゅうじょう》の人類全体《じんるいぜんたい》が現在《げんざい》のような無法則《むほうそく》、不確定《ふかくてい》、無秩序《むちつじょ》な無政府状態《むせいふじょうたい》を現前《げんぜん》するのである。

人類《じんるい》は相互《そうご》の間《あいだ》の差別《さべつ》difference《ディファレンス》のみに拘泥《こうでい》して、同一《どういつ》identity《アイデンティティ》、一致《いっち》concensus《コンセンサス》に帰結帰納《きけつきのう》することをまるっきり忘《わす》れて居《い》る。一冊《いっさつ》の聖書《せいしょ》から出《で》たキリスト教《きょう》は、旧教《きゅうきょう》と新教《しんきょう》に分《わか》れ、一人《ひとり》の釈迦《しゃか》の説法《せっぽう》は、日本《にほん》では八宗《はっしゅう》に分裂《ぶんれつ》して居《い》る。分裂《ぶんれつ》は演繹《えんえき》であり進化《しんか》であるが、ロゴスから逸脱《いつだつ》した分裂《ぶんれつ》の終局《しゅうきょく》は生命《せいめい》の崩壊《ほうかい》である。世界《せかい》は今《いま》、その自己崩壊《じこほうかい》の前程《ぜんてい》に居《い》る。無法則《むほうそく》の演繹分裂《えんえきぶんれつ》を救《すく》う道《みち》は、ロゴスへの帰納《きのう》であり、還元《かんげん》である。唯一共通《ゆいいつきょうつう》の生命《せいめい》が進化《しんか》して出来《でき》た文明《ぶんめい》は、その唯一共通《ゆいいつきょうつう》の生命《せいめい》に帰結帰納《きけつきのう》する以外《いがい》に、崩壊《ほうかい》を免《まぬが》れて、その生命《せいめい》の息吹《いぶ》きを吹《ふ》きかえす道《みち》はない。生命《せいめい》の原理《げんり》は、仏教《ぶつきょう》にも、キリスト教《きょう》にも、ユダヤ教《きょう》にも、回教《かいきょう》にも、儒教《じゅきょう》にも、共通《きょうつう》なロゴス（言語《げんご》）であり、「妙法蓮華《みょうほうれんげ》、仏所護念《ぶつしょごねん》」である。その実体《じったい》は言霊曼荼羅《げんれいマンダラ》に示《しめ》す如《ごと》く、簡潔《かんけつ》な言葉《ことば》の組織《そしき》である。

霊《れい》覚《かく》の世《せ》界《かい》

神憑《かみがか》り、霊感《れいかん》、霊覚《れいかく》と云《い》われる知的《ちてき》、感情的《かんじょうてき》、直感《ちょっかん》は人間《にんげん》に起《お》こり得《え》る事《こと》である。突然不連続《とつぜんふれんぞく》に、思《おも》いもよらぬ知恵《ちえ》のひらめきが起《お》こる。然《しか》し宗教家《しゅうきょうか》にも、芸術家《げいじゅつか》にも、常人《じょうじん》にも、それが何処《どこ》から湧《わ》いて来《く》るのか源泉《げんせん》が掴《つか》めないから、仮《かり》に神《かみ》なる神秘的存《しんぴてきそん》在《ざい》を仮定《かてい》し予想《よそう》して、すべて一応《いちおう》その所為《しょい》として納得《なっとく》して置《お》く。そうした神秘的体験《しんぴてきたいけん》が神秘《しんぴ》に見《み》えるのは、従来《じゅうらい》の自分《じぶん》が活用《かつよう》して居《お》り、現代《げんだい》の世界《せかい》に行《おこな》われて居《い》る（ア）オウエ三知《さんち》とは懸絶《けんぜつ》した境域《きょういき》、今《いま》までの自分《じぶん》が経験《けいけん》も理解《りかい》も出来《でき》ない境域《きょういき》から現《あら》われて来《く》るからである。現代《げんだい》の人類《じんるい》が利用《りよう》する知恵知識《ちえちしき》より、もう一《ひと》つ先《さき》に更《さら》に高《たか》い確《たし》かな知恵《ちえ》を以《も》って構成《こうせい》された次元《じげん》が存在《そんざい》して、折《おり》に触《ふ》れてその高《たか》い次元《じげん》の扉《とびら》の何処《どこ》かに隙《すき》間《ま》が出来《でき》、通路《つうろ》が開《あ》いて、その中《なか》の知恵《ちえ》が瞬間的《しゅんかんてき》に体得《たいとく》される。宇宙《うちゅう》と人間《にんげん》の生命《せいめい》が存在《そんざい》する領域《りょういき》として、更《さら》に一歩《いっぽ》も二歩《にほ》も高《たか》い次元界《じげんかい》が有《あ》ることは、それを垣間見《かいまみ》ることを得《え》る宗教的《しゅうきょうてき》或《ある》いは芸術的体験《げいじゅつてきたいけん》によって証明《しょうめい》される。

仍《よっ》てその高《たか》い次元界《じげんかい》の体験《たいけん》に接《せっ》した人間《にんげん》に、所謂神《いわゆるかみ》（仏《ほとけ》）に通《つう》じた者《もの》と云《い》う自覚《じかく》と自負《じふ》が発生《はっせい》する。この事《こと》が民間宗教《みんかんしゅうきょう》に於《お》いては教祖《きょうそ》の誕生《たんじょう》であり、既成宗教《きせいしゅうきょう》に於《お》いては聖者《せいじゃ》、上人《しょうにん》の出現《しゅつげん》である。この超越世界《ちょうえつせかい》との接触《せっしょく》は、宗教界《しゅうきょうかい》のみの消息《しょうそく》ではなく、芸術《げいじゅつ》の分野《ぶんや》に於《お》いても同様《どうよう》な経験《けいけん》であって、詩《し》、画《が》、音楽《おんがく》の何《いず》れにせよ、時《とき》に修練労《しゅうれんろう》作《さく》の途次《とじ》に於《お》いて、より高次元《こうじげん》の崇高《すうこう》な美《び》と真実《しんじつ》の世界《せかい》に没入《ぼつにゅう》する。然《しか》しその高《たか》い世《せ》界《かい》と接続《せつぞく》し其処《そこ》に居住《きょじゅう》し得《え》る時間《じかん》は、多《おお》く数分間《すうふんかん》、或《ある》いは数日間《すうじつかん》、数《すう》ヶ月間《げつかん》を限度《げんど》とする短《みじか》い時間《じかん》の体験《たいけん》である。こうした超越界《ちょうえつかい》、崇高美《すうこうび》の世界《せかい》に常住《じょうじゅう》したいと云《い》う願《ねが》いは、宗教者《しゅうきょうしゃ》、芸術家《げいじゅつか》の畢生《ひっせい》の念願《ねんがん》であって、その崇高《すうこう》な実相界《じっそうかい》へ飛躍《ひやく》するために彼等《かれら》は不断《ふだん》の努力《どりょく》を傾倒《けいとう》する。これが宗教的《しゅうきょうてき》には菩薩行《ぼさつぎょう》の一面《いちめん》でもある。

芭蕉《ばしょう》は、その美《び》の刹那《せつな》の持続《じぞく》のために一生《いっしょう》を旅《たび》に費《つい》やした。道元《どうげん》は、接霊《せつれい》の方法《ほうほう》を行往坐臥《ぎようじゆうざが》の座禅《ざぜん》に求《もと》めた。然《しか》しこうした彼等《かれら》の懸命《けんめい》な努力工夫《どりよくくふう》を以《も》ってしても、必《かなら》ずしも超越界《ちようえつかい》に常住《じようじゆう》し得《え》るものではない。だから絶《た》えざる求道《ぐどう》を続《つづ》けなければならない。求《もと》めても求《もと》めても、超越世界《ちようえつせかい》に住《す》んで居《い》ない元《もと》の侭《まま》の自分《じぶん》に還《かえ》って居《い》ることを発見《はつけん》する時《とき》、特《とく》に若《わか》い人《ひと》には幻滅《げんめつ》の悲哀《ひあい》と悶掻《もが》きが襲《おそ》いかかる。その悶掻《もが》きを詩《し》として正直《しようじき》に告白《こくはく》した者《もの》がボードレールである。「旅《たび》に病《や》んで夢《ゆめ》は枯野《かれの》をかけ廻《めぐ》る」。旅人芭蕉《たびびとばしよう》の辞《じ》世《せい》の句《く》である。騒人《そうじん》ゲーテは「Mehr Licht!《メーア リッヒト》（もっと光《ひかり》を！）」の一語《いちご》を残《のこ》して死《し》んだ。この光明《こうみよう》（光《ひかり》）から拒否《きよひ》される苦《くる》しみを、そのままに肯定《こうてい》して「とても地獄《じごく》は一定《いちぢやう》すみかぞかし。」（歎異抄《たんにしよう》第二条《だいにじよう》）と、其処《そこ》をそのまま安住《あんじゆう》の境涯《きようがい》としたのは親鸞《しんらん》であった。幻滅《げんめつ》は失恋《しつれん》によく似《に》て居《い》る。それを一々女々《いちいちめめ》しく人《ひと》に訴《うつた》えたりせず、自《みずか》ら絶望《ぜつぼう》に陥《おちい》ることなく、乗《の》り越《こ》え乗《の》り越《こ》えて行《い》く所《ところ》に菩薩行《ぼさつぎよう》の真面目《しんめんぼく》がある。「我建超世願《がごんちようせがん》必至無上道《ひつしむじようどう》 斯願不満足《しがんふまんぞく》 誓不成正覚《せいふじようしようがく》」（大無量寿経《だいむりようじゆきよう》）。

「諸仏智慧《しよぶつちえ》。甚深無量《じんじんむりよう》。其智慧門《ごちえもん》。難解難人《なんげなんにゆう》。一切声聞《いつさいしようもん》。辟支仏《びやくしぶつ》。所不能知《しよふのうち》。」（方便品《ほうべんぼん》）と釈尊《しやくそん》は「妙法蓮華《みようほうれんげ》」と号《なづ》けられた、超越《ちようえつ》した生命自体《せいめいじたい》の法《ほう》として存《そん》する

「教菩薩法《きようぼさつぼう》 仏所護念《ぶつしよごねん》」の世界《せかい》を、究尽《くじん》することの困難《こんなん》を説《と》いた。現代《げんだい》は過去三千年《かこさんぜんねん》に亙《わた》った菩薩行《ぼさつぎよう》から、人類《じんるい》が卒業《そつぎよう》する時期《じき》である。本書《ほんしよ》がその「妙法蓮華《みようほうれんげ》」として掲《かか》げた八朶《はちだ》（八葉《はちよう》）の言霊曼荼羅《げんれいマンダラ》（八咫鏡《やたのかがみ》）が、此《こ》の釈尊《しやくそん》の提唱《ていしよう》に答《こた》えるものであるかどうかは諸君《しよくん》みずから看《み》よである。

言《げん》霊《れい》曼《マン》荼《ダ》羅《ラ》（相《そう》対《たい》界《かい》）

「一《いち》は二《に》を生《しよう》ず」と云《い》う。初《はじ》め宇宙《うちゆう》は一者《いつしや》であって、その中《なか》に既《すで》に始原《しげん》の基本《きほん》の要素《よう》《そ》の完全《かんぜん》な組織《そしき》を具有《ぐゆう》する。この始原《しげん》の組織法則《そしきほうそく》をロゴスと云《い》い、法則《ほうそく》の内容《ないよう》は言霊《げんれい》(言葉《ことば》)そのものがロゴスである。言葉《ことば》は意志《いし》であり、生命自体《せいめいじたい》であり、生命《せいめい》の知性《ちせい》である。

人間《にんげん》の生命《せいめい》は絶《た》えず進化演繹《しんかえんえき》を繰返《くりかえ》し、終局《しゆうきよく》までその発展《はつてん》は止《と》まることがない。「一《いち》は二《に》を生《しよう》ず」とは、一自体《いちじたい》が二《ふた》つに剖《わか》れることである。一《いち》が一以外《いちいがい》の二《ふた》つを創作製造《そうさくせいぞう》することではない。即《すなわ》ち一自体《いちじたい》の進化演繹《しんかえんえき》である。その最初《さいしよ》に分化《ぶんか》した二《ふた》つを陰陽《いんよう》と云《い》う。陰陽《いんよう》とは「二《に》」の易《えき》に於《お》ける総括的概念《そうかつてきがいねん》であって、その内容《ないよう》は明暗《めいあん》、主客《しゆかく》、自他《じた》、雌雄《しゆう》、男女《だんじよ》、積極消極《せつきよくしようきよく》、能動受動《のうどうじゆどう》、霊体《れいたい》、物心等《ぶつしんなど》の相対《そうたい》の二者《にしや》である。絶対《ぜつたい》の一者《いっしゃ》である渾然《こんぜん》たる宇宙生命《うちゅうせいめい》は、その活動《かつどう》の初《はじ》めとして自身《じしん》を此《こ》の二者《にしゃ》に剖判《ぼうはん》する。これが剖《わか》れるのは、おのずからなる生命発展《せいめいはってん》の趨勢《すうせい》であり、神《かみ》がこれを剖《わ》けると信《しん》じられて来《き》たが、その剖判《ぼうはん》の実際《じっさい》の当事者《とうじしゃ》は人間自身《にんげんじしん》の精神《せいしん》（生命《せいめい》、意志《いし》、知慧《ちえ》）である。

宇宙生命《うちゅうせいめい》は絶対《ぜったい》の一者《いっしゃ》であると同時《どうじ》に、直《ただ》ちに相対《そうたい》の二者《にしゃ》である。一者《いっしゃ》は不可分《ふかぶん》のロゴス（言霊《げんれい》）自体《じたい》であり、宇宙全体《うちゅうぜんたい》の意志《いし》であり、その中《なか》に基本法則《きほんほうそく》を包含《ほうがん》している。「民《たみ》は一《ひと》つにして皆一《みなひと》つの言語《ロゴス》を用《もち》ふ」（旧約《きゅうやく》創世記第十一章《そうせいきだいじゅういっしょう》）と人類《じんるい》の歴史的《れきしてき》記憶《きおく》（記録《きろく》）は伝《つた》えている。宗教的《しゅうきょうてき》には、此《こ》の事《こと》は一《ひと》つでなければならないと云《い》う信《しん》仰《こう》であり、基本要求《きほんようきゅう》である。その一《ひと》つが二《ふた》つに剖《わか》れた事《こと》は生命《せいめい》の必然《ひつぜん》の趨勢《すうせい》であり、それは人智《じんち》がみずからこれを開闢《かいびゃく》した事《こと》である。

然《しか》し現在《げんざい》の人類《じんるい》はその歴史《れきし》の出発《しゅっぱつ》として、唯一《ゆいいつ》のロゴスの組織《そしき》が遠《とお》い昔《むかし》に顕《あら》わに自覚《じかく》されて居《い》た事《こと》、且《か》つ文明《ぶんめい》の唯一《ゆいいつ》の形而上《けいじじょう》の淵源《えんげん》として、現在《げんざい》の人類《じんるい》の智恵智識《ちえちしき》が未《いま》だ到達《とうたつ》し得《え》ないで居《い》る、いま一《ひと》つの高《たか》い簡明《かんめい》な領域《りょういき》に於《お》いて、その古《ふる》い昔《むかし》の自覚《じかく》が永劫《えいごう》不《ふ》変《へん》に厳《げん》（現《げん》）存《そん》していることをすっかり忘《わす》れてしまって居《い》る。世界《せかい》の文明《ぶんめい》は、初《はじ》めから陰陽《いんよう》二元《にげん》に分《わか》れて居《い》るものだと思《おも》って居《い》る。主観《しゅかん》である自己《じこ》の見解《けんかい》と客体《きゃくたい》である世界《せかい》像《ぞう》とは、むしろ永劫《えいごう》に一致《いっち》しない対立《たいりつ》であり、平行線《へいこうせん》であると思《おも》いあきらめて居《い》る。

此《こ》の中《なか》で優《すぐ》れた宗教者《しゅうきょうしゃ》や芸術家達《げいじゅつかたち》は、早《はや》く率先《そっせん》して陰陽《いんよう》が剖《わか》れぬ以前《いぜん》の一者《いっしゃ》の世界《せかい》の開拓《かいたく》に努《つと》め、夫々《それぞれ》の方法《ほうほう》を以《も》って、その境界《きょうかい》への突入《とつにゅう》を試《こころ》みて居《い》る。「両頭倶《りょうとうとも》に截断《せつだん》すれば一剣天《いっけんてん》に倚《よ》って寒《すさま》じ」（槐安国語《かんあんこくご》）。瞑想《めいそう》の裡《うち》に自内《じない》の矛盾《むじゅん》を繰返《くりかえ》し揚棄《ようき》して行《い》くうちに、忽然《こつぜん》として此《こ》の非矛盾《ひむじゅん》の純粋境地《じゅんすいきょうち》が開拓《かいたく》される。「絶対矛盾的自己同一《ぜったいむじゅんてきじこどういつ》」（西田幾多郎《にしだきたろう》）と哲学的《てつがくてき》には説明《せつめい》される。それは矛盾《むじゅん》が止揚《しよう》された、おおらかな、然《しか》し明々白々《めいめいはくはく》な世界《せかい》である。写真機《しゃしんき》のファインダーを覗《のぞ》いて、二《ふた》つの映像《えいぞう》がぴったりと一致《いっち》して、ピントが合《あ》った時《とき》のように、主観《しゅかん》と客観《きゃっかん》とが完全《かんぜん》に重《かさ》なり合《あ》った正確《せいかく》な宇宙像《うちゅうぞう》である。「本地《ほんじ》の風光《ふうこう》、本来《ほんらい》の面目《めんもく》」（坐禅用心記《ざぜんようじんき》）と云《い》う。眼《め》を閉《と》じて見《み》た観念像《かんねんぞう》と、眼《め》を開《ひら》いて見《み》た現実像《げんじつぞう》が一致《いっち》する時《とき》である。この主客一致《しゅかくいっち》の宇宙像《うちゅうぞう》を real《リアル》 reality《リアリティ》, true《トウルー》 reality《リアリティ》, pure《ピュア》 reality《リアリティ》, real《リアル》 fact《ファクト》, と云《い》う。ウイリアム・ジェイムスはこれを pure《ピュア》

experience《エクスペリエンス》と呼《よ》んだ。

「庭前栢樹子《ていぜんのはくじゅし》」（無門関《むもんかん》第三十七則《だいさんじゅうななそく》）。「古池《ふるいけ》や蛙《かわず》飛《と》びこむ水《みず》の音《おと》」（芭蕉《ばしょう》）。

“The《ザ》 Sea-gulls《シーガルズ》 oscillating《オシレイティング》 their《ゼア》 bodies《ボディーズ》”（からだを小刻《こきざ》みに震《ふる》わせて飛《と》ぶカモメ）

Walt Whitman《ウォルト ホイットマン》，“LEAVES《リーヴズ》 OF《オブ》 GRASS《グラス》”（ウォルト・ホイットマン著《ちょ》『草《くさ》の葉《は》』）

と云《い》う世界《せかい》の実相《じっそう》である。

前述《ぜんじゅつ》した如《ごと》く、ゴッホの画《が》にも、ベートーベンの音楽《おんがく》にも、芭蕉《ばしょう》の句《く》にも、このreal《リアル》reality《リアリティ》がはっきりと捕《とら》えられ顕《あら》わされて居《い》る。優《すぐ》れた芸術家《げいじゅつか》と、そして秀《ひい》でた宗教者《しゅうきょうしゃ》は、この世界《せかい》を知《し》って居《い》る。陰陽二元《いんようにげん》に矛盾《むじゅん》する人性《じんせい》の現実《げんじつ》の、もう一《ひと》つ先《さき》に一者《いっしゃ》の純粋明白《じゅんすいめいはく》な世界《せかい》が存在《そんざい》する事《こと》を体験《たいけん》して、その世界《せかい》の真実《しんじつ》の夫々《それぞれ》を捕《とら》えて我等《われら》の矛盾《むじゅん》世界《せかい》に紹介《しょうかい》してくれる。然《しか》しこれでもまだ前述《ぜんじゅつ》の如《ごと》く、彼等《かれら》が我等《われら》の前《まえ》に呈示《ていじ》してくれたものは、一者《いっしゃ》の世界《せかい》の片鱗《へんりん》であり、真実《しんじつ》の断片《だんぺん》である事《こと》を超《こ》えられない。カントにせよ、ヘーゲルにせよ、綜合的《そうごうてき》な哲学体系《てつがくたいけい》を一旦《いったん》は作《つく》った如《ごと》くに見《み》えても、幾許《いくばく》もなくして、それが一《ひと》つの哲学《てつがく》であって、哲学《てつがく》の全体《ぜんたい》ではない事《こと》が暴露《ばくろ》される。また宗教的《しゅうきょうてき》に行的《ぎょうてき》に、彼等《かれら》が絶対《ぜったい》の世界《せかい》に接触《せっしょく》を続《つづ》け得《え》る期間《きかん》も、必《かなら》ずしも恒常永続《こうじょうえいぞく》するものではない。その故《ゆえ》は、一者《いっしゃ》たる絶対世界《ぜったいせかい》の全貌《ぜんぼう》が、すなわちその全体《ぜんたい》の構造《こうぞう》と性《せい》能《のう》とが、終始一貫《しゅうしいっかん》して人類《じんるい》に把握《はあく》されて居《い》ないからである。

然《しか》し芸術家《げいじゅつか》や宗教者《しゅうきょうしゃ》が、その絶対純粋《ぜったいじゅんすい》の一者《いっしゃ》の世界《せかい》の消息《しょうそく》を斎《もた》らして呉《く》れることが可能《かのう》であることは、その超越《ちょうえつ》した世界《せかい》が存在《そんざい》していることの明《あき》らかな証拠《しょうこ》である。人《じん》類《るい》は過去三千年間《かこさんぜんねんかん》、みずから宇宙《うちゅう》を陰陽相対二元《いんようそうたいにげん》に分割《ぶんかつ》して、その両者《りょうしゃ》の間《あいだ》を右往左《うおうさ》往《おう》し続《つづ》けて来《き》た。そして芸術家《げいじゅつか》と宗教者《しゅうきょうしゃ》は、この相対矛盾《そうたいむじゅん》を形而下《けいじか》の理《ことわり》の上《うえ》で超越《ちょうえつ》しようと、必死《ひっし》の努力《どりょく》を繰返《くりかえ》して来《き》た。斯《か》く努力《どりょく》する者《もの》を縁覚《えんがく》と菩薩《ぼさつ》と云《い》う。だが此《こ》の三千年間《さんぜんねんかん》は、その唯一《ゆいいつ》の純粋絶対界《じゅんすいぜったいかい》の全貌《ぜんぼう》を究《きわ》めた者《もの》は一人《ひとり》も出現《しゅつげん》しなかった。換言《かんげん》すればこの間《かん》、正覚《しょうがく》の仏陀《ぶつだ》として成道《じょうどう》し得《え》た人物《じんぶつ》は一人《ひとり》も居《い》なかった。此《こ》の期間《きかん》を像《ぞう》法末法時代《ほうまっぽうじだい》と云《い》う。これは仏陀《ぶつだ》がまだ成道《じょうどう》して居《い》ない縁覚《えんがく》と菩薩《ぼさつ》のみの時代《じだい》である。そして此《こ》の期間《きかん》が経過《けいか》して、凡《およ》そキリスト紀元二千年《きげんにせんねん》を期《き》して、此《こ》の唯一《ゆいいつ》の絶対世界《ぜったいせかい》の生命《せいめい》の法則《ロゴス》が、人類《じんるい》の上《うえ》に実現《じつげん》することを予告《よこく》して来《き》た預言者《よげんしゃ》が釈迦《しゃか》であり、イエスであり、そしてマホメットであった。同時《どうじ》に彼等《かれら》は、その律法《りっぽう》を永遠《えいえん》の人類《じんるい》の文明《ぶんめい》の軌《き》範《はん》として迎《むか》えるための心《こころ》の準備《じゅんび》を整《ととの》える指導《しどう》を行《おこな》う、宗教的《しゅうきょうてき》な教祖《きょうそ》、教主《きょうしゅ》として伝統《でんとう》的《てき》な活動《かつどう》を続《つづ》けながら今日《こんにち》に到《いた》っている。だが既《すで》にその法実現《ほうじつげん》の時代《じだい》になっても、なお予言《よげん》を予言《よげん》のままで、中実《なかみ》のない予言《よげん》だけの空箱《からばこ》を持《も》ちまわり売《う》り歩《ある》いて居《い》るのが、仏教《ぶっきょう》、基督教《キリストきょう》、回教《かいきょう》と云《い》わず、世界《せかい》のすべての既成宗教《きせいしゅうきょう》の今日《こんにち》までの営業《えいぎょう》である。

言霊《げんれい》曼荼羅《マンダラ》・相対界《そうたいかい》

百敷《ももしき》の大宮《おほみや》

陰《いん》・客体《きやくたい》

陽《よう》・主体《しゆたい》

大脳《だいのう》の右葉《うよう》（脳《のう》）

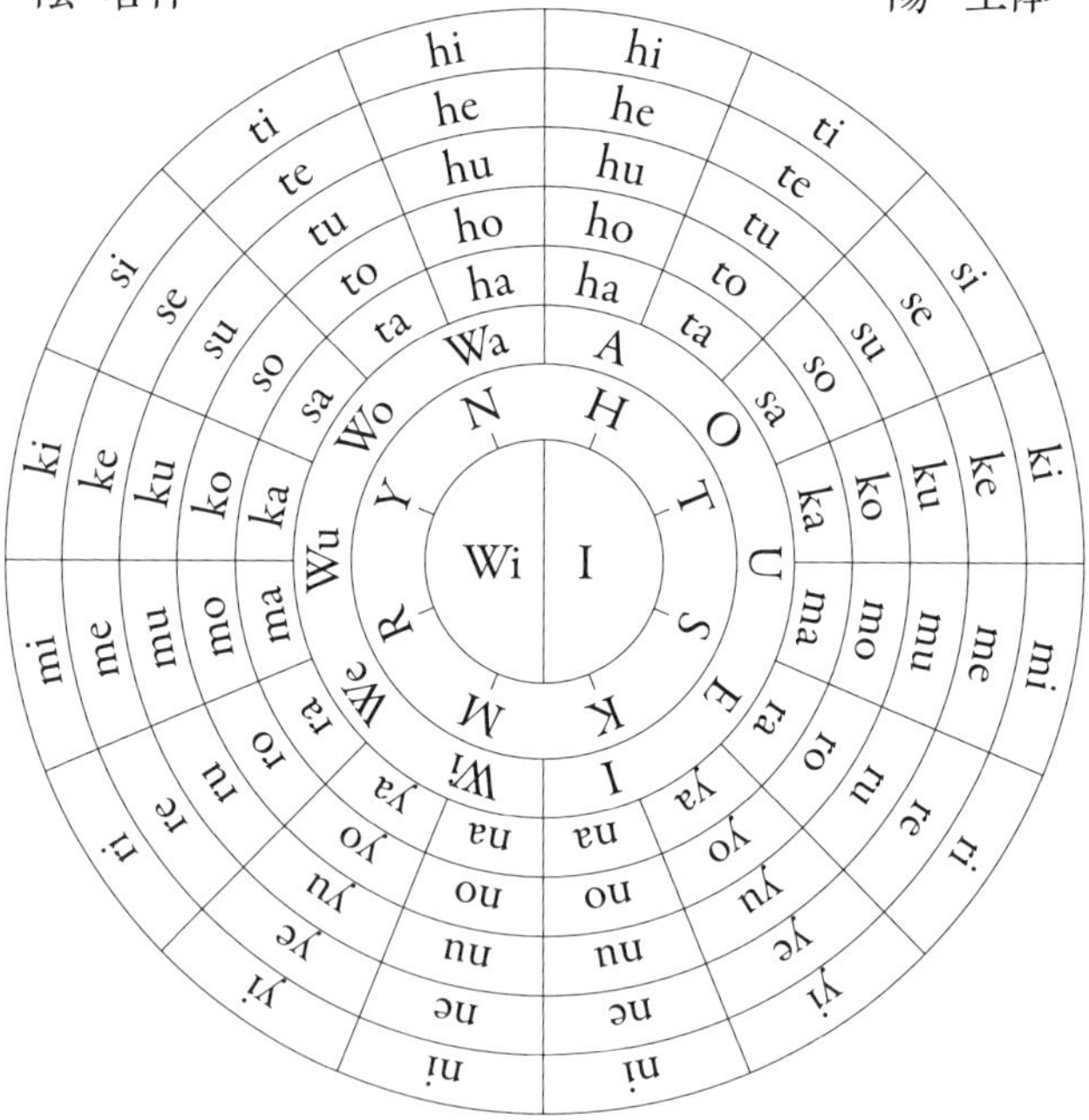

大脳《だいのう》の左葉《さよう》（脳《のう》）

聖《せい》なる都《みやこ》エルサレム（円形《えんけい》）

図表-6｜**言霊曼荼羅・相対界**

言《げん》霊《れい》の演《えん》繹《えき》・帰《き》納《のう》

陰陽相対世界《いんようそうたいせかい》の展開《てんかい》は、主体的《しゅたいてき》には人間《にんげん》の生命意志《せいめいいし》、知性《ちせい》みずからの創造《そうぞう》による世《せ》界《かい》の内容《ないよう》の進化《しんか》である。ロゴス自体《じたい》から考《かんが》えれば生命《せいめい》の根源《こんげん》であり、言霊《げんれい》はその生命体《せいめいたい》の構成要素《こうせいようそ》である。絶対《ぜったい》の一者《いっしゃ》としてのロゴスの言霊数《げんれいすう》は五十《ごじゅう》であり、これが陰陽《いんよう》として相対《そうたい》の両儀《りょうぎ》に剖《わか》れた時《とき》、二倍《にばい》の百《ひゃく》となる。絶対《ぜったい》の五十数《ごじゅっすう》の組織《そしき》（曼荼羅《マンダラ》）を「伊《い》勢五十鈴宮《せいすずのみや》」と云《い》い、相対《そうたい》の百数《ひゃくすう》の組織《そしき》を「百敷《ももしき》の大宮《おほみや》」と云《い》う。

神《かみ》の意志《いし》すなわち人間《にんげん》の知性《ちせい》は、五十《ごじゅう》である絶対宇宙《ぜったいうちゅう》の内容《ないよう》を、更《さら》に五十《ごじゅう》と五十《ごじゅう》とに相対《そうたい》する二《ふた》つに剖《わ》ける。相対《そうたい》の二《に》は、広《ひろ》く陰陽《いんよう》と云《い》われるものであり、主客《しゅかく》、能動《のうどう》受動《じゅどう》、霊肉《れいにく》、物心《ぶっしん》であり、明暗《めいあん》である。相対曼荼羅《そうたいマンダラ》の左半面《ひだりはんめん》（向《む》かって右《みぎ》）は、陽《よう》であり明《めい》である。右半分《みぎはんぶん》（向《む》かって左《ひだり》）は、陰《いん》であり暗《あん》である。人間《にんげん》の肉体《にくたい》では、大《だい》脳《のう》の左葉《さよう》（脳《のう》）がロゴスの陽《よう》であり明《めい》である部分《ぶぶん》を担当《たんとう》し、大脳《だいのう》の右葉《うよう》（脳《のう》）がロゴスの陰《いん》であり暗《あん》である部分《ぶぶん》を担当《たんとう》する。そして此《こ》の時《とき》、左葉《さよう》（脳《のう》）の陽《よう》であり明《めい》である部分《ぶぶん》が、右葉《うよう》（脳《のう》）の陰《いん》であり暗《あん》である部分《ぶぶん》に、光明《こうみょう》あらしめ指導《しどう》する様《よう》に定《さだ》まって居《い》る。

脳《のう》の左右《さゆう》の機能《きのう》に関《かん》して心理学的《しんりがくてき》、生理学的《せいりがくてき》、医学的実験証明《いがくてきじっけんしょうめい》が未《いま》だ完成《かんせい》されていないが、形而上学的《けいじじょうがくてき》には既《すで》にそうならなければならない筈《はず》である。大脳《だいのう》の分担《ぶんたん》は、現象《げんしょう》の単元《たんげん》である三十二迄《さんじゅうにまで》、合計六十四子音《ごうけいろくじゅうよんしいん》（易《えき》の六十四卦《ろくじゅうよんけ》）の自覚《じかく》と、認識《にんしき》と、その記憶《きおく》、記憶《きおく》の再生等《さいせいなど》の操作《そうさ》である。その他《た》、小脳《しょうのう》はアオウエ、ワヲ《を》ウヱ《ゑ》の母音《ぼいん》、半母音《はんぼいん》、すなわち漢方医学《かんぼういがく》の云《い》う、五《いつ》つずつの陰《いん》と陽《よう》の内臓《ないぞう》（臓《ぞう》と腑《ふ》）を操作《そうさ》し、延髄《えんずい》は、ＨＴＳＫＭＲＹＮの八父韻《はちふいん》を操作《そうさ》する器官《きかん》として考《かんが》えられる。然《しか》し未《いま》だ同《おな》じく実験《じっけん》証明《しょうめい》が出来《でき》て居《い》ない。

脳《のう》の左右両葉《さゆうりょうよう》（脳《のう》）は陰陽《いんよう》、主客《しゅかく》、明暗《めいあん》の操作《そうさ》を分担《ぶんたん》する。右葉《うよう》（脳《のう》）は客体認識《きゃくたいにんしき》の場《ば》である。その客体認識《きゃくたいにんしき》の、その客体自体《きゃくたいじたい》は暗黒《あんこく》であり、無色無音《むしょくむおん》である。

今《いま》まで度々《たびたび》説《と》いた事《こと》だが、指《ゆび》でピアノのキーをたたいても、ピアノ自体《じたい》は「ピン」とも「ポン」とも鳴《な》って居《い》ない。無音《むおん》の空気《くうき》の疎密波《そみつは》が、そこから流《なが》れ出《で》るだけであって、その波《なみ》が耳《みみ》に聞《き》かれ、脳《のう》に判断識別《はんだんしきべつ》される時《とき》、初《はじ》めて「ピン」と云《い》う微妙《びみょう》な音《ね》色《いろ》として現象《げんしょう》する。人間《にんげん》の知性活動《ちせいかつどう》の所産《しょさん》、結果《けっか》（子《こ》）である現象《げんしょう》だけを見《み》るから、ピアノ自体《じたい》が「ピン」と云《い》う音《おと》を発《はっ》するが如《ごと》く短絡的《たんらくてき》に受《う》け取《と》るが、ピアノの音《おと》が「ピン」と創造《そうぞう》されるまでには、もっと深《ふか》い微妙《びみょう》な生命《せいめい》の機構《きこう》と機能《きのう》が活動《かつどう》して居《い》る。その現象《げんしょう》の奥《おく》で活動《かつどう》しているものが生命《せいめい》のロゴスであって、暗黒《あんこく》の宇宙《うちゅう》の物体《ぶったい》の震動《しんどう》を暗《あん》黒《こく》のままで物理的《ぶつりてき》に受信《じゅしん》する機能《きのう》と、その受信《じゅしん》されたものを絢爛《けんらん》たる五蘊《ごうん》の綾《あや》に彩色《さいしき》する、生命《せいめい》の光《ひかり》（智恵《ちえ》）の機能《きのう》の両面《りょうめん》がある。後者《こうしゃ》は父韻《ふいん》である。

客体認識《きゃくたいにんしき》の対象《たいしょう》は、それ自体《じたい》では暗黒《あんこく》であり、音《おと》も言葉《ことば》も色《いろ》もない。太陽《たいよう》は、それ自体輝《じたいかがや》いては居《い》ない暗黒《あんこく》の天体《てんたい》である。その太陽《たいよう》は、生命《せいめい》の光《ひかり》に照《て》らし出《だ》されて、初《はじ》めて光輝《こうき》と色彩《しきさい》と云《い》う現象《げんしょう》を顕《あら》わす。その現象《げんしょう》を顕《あら》わす生命《せいめい》の光《ひかり》を「羔羊《こひつじ》はその燈火《あかり》なり。」（新約《しんやく》 黙示録《もくしろく》第二十一章《だいにじゅういっしょう》）と云《い》う。「都《みやこ》は日月《じつげつ》の照《てら》すを要《えう》せず、羔羊《こひつじ》はその燈火《あかり》なり。」（新約《しんやく》黙示録第二十一章《もくしろくだいにじゆういつしよう》）。羔羊《こひつじ》は「膏注《あぶらそそ》がれし者《もの》」すなわち覚者《かくしや》であり、燈火《あかり》はその知恵《ちえ》の光《ひかり》である。日月《じつげつ》の光《ひかり》は羔羊《こひつじ》の燈火《あかり》によって初《はじ》めて輝《かがや》く、羔羊《こひつじ》の燈火《あかり》がなければ日月《じつげつ》は暗黒《あんこく》の天体《てんたい》である。日月《じつげつ》の光《ひかり》は羔羊《こひつじ》の燈火《あかり》の所産《しよさん》であり、日月《じつげつ》が光《ひか》るのではなく、羔羊《こひつじ》の燈火《あかり》が光《ひか》るのである。東洋《とうよう》の覚者《かくしや》も、禅《ぜん》では「日《ひ》は冷《ひや》かなるべく月《つき》は熱《あつ》かるべくとも」（証道歌《しようどうか》）と、現象《げんしよう》としての光《ひかり》を否定《ひてい》して居《い》る。日月《じつげつ》の光《ひかり》は、羔羊《こひつじ》の燈火《あかり》に照《て》らし出《だ》された現象《げんしよう》である。くどくどしく説《と》いたが、大事《だいじ》な所《ところ》であって黙示録《もくしろく》やヨハネ伝《でん》に説《と》かれた聖書《せいしよ》の奥義《おうぎ》である。

太陽《たいよう》や月《つき》と同《おな》じく客体世界《きやくたいせかい》が、山川草木鳥獣虫魚《さんせんそうもくちようじゆうちゆうぎよ》として森羅万象《しんらばんしよう》を呈《てい》するのは、宇宙《うちゆう》の四象《ししよう》（アオウエ・風水空火《ふうすいくうか》）の現象世界《げんしようせかい》の、もう一《ひと》つ向《む》うに生命《せいめい》の光《ひかり》、すなわち羔羊《こひつじ》の燈火《あかり》が存在《そんざい》し活動《かつどう》して居《い》るからである。その森羅万象《しんらばんしよう》を創造《そうぞう》する造物主《ぞうぶつしゆ》（人間《にんげん》）が操作《そうさ》して居《い》るのがロゴスであり、言葉《ことば》（父韻母音《ふいんぼいん》）である。「萬《よろづ》の物《もの》これ（言葉《ことば》）に由《よ》りて成《な》り、成《な》りたる物《もの》に一《ひと》つとして之《これ》によらで成《な》りたるはなし。」（新約《しんやく》ヨハネ伝第一章《でんだいいつしよう》）。

言霊《げんれい》の進化《しんか》（演繹《えんえき》）

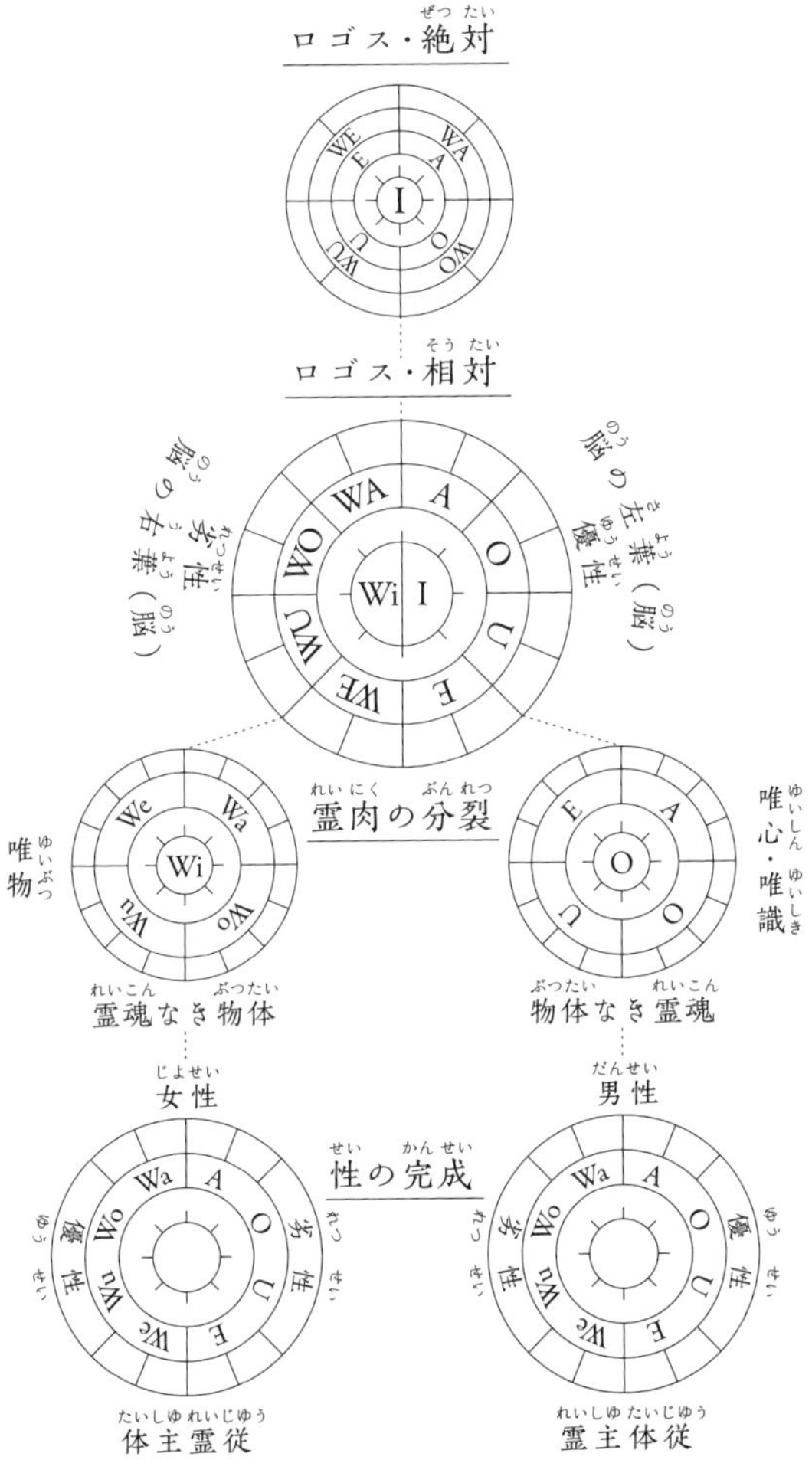

図表-7｜**言霊の進化（演繹）**

脳《のう》の右葉《うよう》（脳《のう》）は、それ自体《じたい》は暗黒《あんこく》である客体世界《きゃくたいせかい》の認識器官《にんしききかん》であり、これに対《たい》して脳《のう》の左葉《さよう》（脳《のう》）は、自己心内《じこしんない》に明白《めいはく》な主体世界《しゅたいせかい》の自覚自証器官《じかくじしょうきかん》である。

前述《ぜんじゅつ》のように、頭脳《ずのう》の左右両葉《さゆうりょうよう》（脳《のう》）の主体認識《しゅたいにんしき》と客体認識《きゃくたいにんしき》が分裂齟齬《ぶんれつそご》せず、カメラのファインダーの二《ふた》つの像《ぞう》がぴったりと一致《いっち》した時《とき》の様《よう》な、虚像《きょぞう》と実像《じつぞう》が一致《いっち》した世界像《せかいぞう》がreal reality《リアル リアリティ》であり実相《じっそう》である。またその時《とき》に於《お》ける宇宙全体《うちゅうぜんたい》の無象《むしょう》の像《すがた》が「廓然無聖《かくねんむしょう》」の静寂《せいじゃく》な空相《くうそう》である。主観《しゅかん》と客観《きゃっかん》が一《ひと》つになった状態《じょうたい》を「統覚《とうかく》」と云《い》う。お互《たが》いの主観《しゅかん》のピントが一《ひと》つに合《あ》わない認識《にんしき》を以《もっ》て判断《はんだん》をしようとするから、議会《ぎかい》でも大学《だいがく》でも宗教界《しゅうきょうかい》でも、真実《しんじつ》の実相《じっそう》の決定《けってい》がなし得《え》られない。実相《じっそう》と空相《くうそう》である統覚《とうかく》の映像《えいぞう》は、頭脳《ずのう》の前頭葉《ぜんとうよう》に実現《じつげん》する。仏陀《ぶつだ》の額《ひたい》にある白毫《びゃくごう》は、統覚《とうかく》の場所《ばしょ》を示《しめ》す。イ言霊《げんれい》は此処《ここ》に活動《かつどう》し存在《そんざい》する。此処《ここ》を「阿波岐原《あはぎはら》」（アワ、イヰ原《ゐはら》）と云《い》う。

人間《にんげん》の言霊《げんれい》ロゴスの演繹進化《えんえきしんか》の活動《かつどう》は、唯一絶対《ゆいいつぜったい》である生命《せいめい》の機構組織《きこうそしき》を、更《さら》に第《だい》二次的《にじてき》に陰陽《いんよう》の両儀《りょうぎ》に剖判《ぼうはん》した。これに従《したが》って人間《にんげん》の頭脳《ずのう》の構造《こうぞう》も、陰陽左右《いんようさゆう》の両半球《りょうはんきゅう》に進化分裂《しんかぶんれつ》した。この事《こと》は、幾十万年《いくじゅうまんねん》の年月《ねんげつ》を要《よう》した悠久《ゆうきゅう》の生命《せいめい》の営《いとな》みである。

陰陽両儀《いんようりようぎ》に重《かさ》ねて人間《にんげん》の知性《ちせい》が剖判《ぼうはん》した事《こと》と、肉体的《にくたいてき》に頭脳《ずのう》が左右両葉《さゆうりようよう》（脳《のう》）に分離《ぶんり》した事《こと》とは、並行《へいこう》して行《おこな》われた心理的《しんりてき》そして生理的《せいりてき》、生物学的《せいぶつがくてき》、進化論的《しんかろんてき》な生命《せいめい》の演繹《えんえき》発展《はってん》である。

然《しか》し玆《ここ》で大切《たいせつ》な事《こと》は、人間《にんげん》の生命《せいめい》は、一《いち》が二《に》に岐《わか》れても、その時何時《ときなんどき》でも、元《もと》の一《いち》に還《かえ》る方法《ほうほう》と能力《のうりよく》を保持《ほじ》して居《い》ることである。「両頭倶《りようとうとも》に截断《せつだん》すれば一剣天《いつけんてん》の倚《よ》って寒《すさま》じ」（槐安国語《かんあんこくご》）と、禅《ぜん》は帰納《きのう》の道《みち》の存在《そんざい》を示《しめ》して呉《く》れて居《い》る。これを「一《いち》は二《に》を生《しよう》じ、二《に》は一《いち》に還《かえ》る」（老子《ろうし》）と云《い》ったらよい。この時《とき》、一《いち》から二《に》へ、また二《に》から一《いち》への道《みち》の存在《そんざい》を禅《ぜん》では簡単《かんたん》に言《い》ってのけるが、この時《とき》の、一《いち》から二《に》への一《いち》も、二《に》から一《いち》への一《いち》も、たった一《ひと》つの全大宇宙《ぜんだいうちゆう》の「空《くう》」なる状態《じようたい》を指《さ》して一《いち》と云《い》って居《い》るのであって、その空《くう》なる一《いち》に帰《かえ》れば、個々《ここ》の矛盾倒錯《むじゆんとうさく》から小乗的《しようじようてき》には一応《いちおう》は解決脱出出来《かいけつだつしゆつでき》るが、それでは劫末《ごうまつ》の今《いま》の世《よ》に五月蝿《さばえ》なす渦巻《うずま》き湧《わ》き上《あが》り、更《さら》に後《あと》から限《かぎ》りなく発生《はつせい》して来《く》る。コンプレックスが、更《さら》にコンプレックスを生《う》んで行《い》くところの、矛盾対立《むじゆんたいりつ》の一《ひと》つ一《ひと》つを釈《と》いて行《い》く事《こと》は不可能《ふかのう》である。この個人《こじん》の悩《なや》みではなく、世界全体《せかいぜんたい》の渾沌《こんとん》を解決《かいけつ》するために内容《ないよう》のない「諸法空相《しょほうくうそう》」の悟《さと》りでは何事《なにごと》も為《な》し得《え》ない。「南無阿弥陀仏《なむあみだぶつ》」と念仏《ねんぶつ》しても、「白雲影裏《はくうんえいり》、笑《わら》い呵々《かか》。」（碧巌録《へきがんろく》）と嘯《うそぶ》いても、一向《いっこう》に世界《せかい》は解決出来《かいけつでき》ない。嘯《うそぶ》く者《もの》が笑《わら》われ、信《しん》じ念《ねん》ずる者《もの》が信《しん》じられない。その宇宙《うちゅう》の空相《くうそう》の中《なか》に、万物《ばんぶつ》の実相《じっそう》が顕《あら》われて来《く》る道理《ロゴス》である、生命《せいめい》の光《ひかり》の言葉《ことば》の原理《げんり》が世界解決《せかいかいけつ》の鍵《かぎ》である。

老子《ろうし》は「一《いち》は二《に》を生《しょう》じ、二《に》は三《さん》を生《しょう》じ、三《さん》は万物《ばんぶつ》を生《しょう》ず。」と説《と》いたが、二《に》が一《いち》に帰《かえ》る道《みち》を説《と》かなかった。ヘーゲルやマルクスは、弁証法的《べんしょうほうてき》に正《せい》、反《はん》、合《ごう》。合《ごう》、正《せい》、反《はん》、と説《と》いたが、その合《ごう》は人間《にんげん》の希望《きぼう》や夢想《むそう》に止《とど》まって合《ごう》を具現《ぐげん》する実際《じっさい》の道《みち》、ヘーゲル弁証法《べんしょうほう》とマルクス弁証法《べんしょうほう》とを同時《どうじ》に揚棄《アウフヘーベン》する道《みち》は彼等《かれら》の理論《りろん》には無《な》い。

更《さら》にこの時《とき》、一《いち》が二《に》に進化《しんか》したまま始原《しげん》の一《いち》に帰《かえ》る道《みち》を忘却《ぼうきゃく》して、陽《よう》（主体《しゅたい》）が陽《よう》だけで、陰《いん》（客体《きゃくたい》）が陰《いん》だけで独立《どくりつ》し分離《ぶんり》して宇宙《うちゅう》を二分《にぶん》して、陰陽《いんよう》いずれかの半球《はんきゅう》だけを自分《じぶん》の領域《りょういき》として割拠《かっきょ》して他《た》を排撃《はいげき》する運動《うんどう》が、実際《じっさい》の歴史《れきし》の中《なか》に行《おこな》われて居《い》る。これは文明全体《ぶんめいぜんたい》の正《ただ》しい演繹《えんえき》ではない。すなわち唯心論《ゆいしんろん》（唯識論《ゆいしきろん》）と唯物論《ゆいぶつろん》の対立《たい》《りつ》である。唯心唯識《ゆいしんゆいしき》は、自己《じこ》の心象《しんしょう》に没頭沈潜《ぼっとうちんせん》する。宗教家《しゅうきょうか》は仮説《かせつ》の信仰《しんこう》と個人《こじん》の霊感《れいかん》（インスピレーション）に拘束《こうそく》される。唯物論《ゆいぶつろん》では、客体《きゃくたい》の映像《えいぞう》のみが宇宙《うちゅう》の現象《げんしょう》の全部《ぜんぶ》であると限局《げんきょく》して、その半球内《はんきゅうない》に人間《にんげん》の思惟《しゆい》を洗脳拘束《せんのうこうそく》し、もう一《ひと》つの宇宙《うちゅう》の半球《はんきゅう》に於《お》ける不羈自由《ふきじゆう》な精神生活《せいしんせいかつ》を許《ゆる》そうとしない。だから唯心論《ゆいしんろん》でも唯物論《ゆいぶつろん》でも、その民族《みんぞく》、国家《こっか》や宗派《しゅうは》、教派学派《きょうはがくは》の範囲内《はんいない》だけの真理《しんり》しか成《な》り立《た》たない。画家《がか》ピカソは、共産主義《きょうさんしゅぎ》に無関心《むかんしん》であった。

実相《じっそう》とは万象《ばんしょう》の正確《せいかく》な認識《にんしき》である。実相《じっそう》にならないピンボケの幻影《げんえい》や理論《りろん》を、社会《しゃかい》や国家《こっか》の上《うえ》に施行《せぎょう》しようとするから、一方《いっぽう》の宗教社会《しゅうきょうしゃかい》では信仰《しんこう》と云《い》う阿片《アヘン》を以《もっ》て民衆《みんしゅう》を魔酔《ますい》して精神的《せいしんてき》に無力《むりょく》ならしめ、一方《いっぽう》の唯物論国家《ゆいぶつろんこっか》では洗脳《せんのう》とか或《ある》いはノルマとかの家畜《かちく》や奴隷《どれい》に対《たい》する如《ごと》き強権政治《きょうけんせいじ》を行《おこな》わなければならなくなる。カーター大統領《だいとうりょう》とソ連共産党《れんきょうさんとう》の人権《じんけん》の自由《じゆう》に就《つ》いての論争《ろんそう》は、畢竟《ひっきょう》すれば一人《ひとり》の人間《にんげん》の頭脳《ずのう》の左葉《さよう》（脳《のう》）と右葉《うよう》（脳《のう》）の抗争《こうそう》である。

男《だん》女《じょ》両《りよう》性《せい》の発《はつ》現《げん》

頭脳《ずのう》の左葉《さよう》（脳《のう》）は主観心象《しゅかんしんしょう》を、右葉《うよう》（脳《のう》）は客観物象《きゃっかんぶっしょう》を司《つかさど》る。左葉《さよう》（脳《のう》）の主観心象《しゅかんしんしょう》の光《ひかり》がなければ、右葉《うよう》（脳《のう》）の客観物象《きゃっかんぶっしょう》は無音暗黒《むおんあんこく》であり、右葉《うよう》（脳《のう》）の客観物象《きゃっかんぶっしょう》が映《うつ》らなければ、左葉《さよう》（脳《のう》）の主観心象《しゅかんしんしょう》は只一面《ただいちめん》の漠々洞然《ばくばくとうぜん》たる「空《くう》」である。この双《ふた》つの認識《にんしき》を分離独立孤立《ぶんりどくりつこりつ》させてしまうことは、世界《せかい》を二分対立《にぶんたいりつ》せしめて居《い》る人類《じんるい》の大《おお》きな過《あやま》ちであり、禍《わざわい》であり、不幸《ふこう》であるが、ロゴスの正系《せいけい》の演繹進化《えんえきしんか》は、この対立抗争《たいりつこうそう》の禍《わざわい》に陥《おちい》ることなく順調《じゅんちょう》に進展《しんてん》する。左右両葉《さゆうりょうよう》（脳《のう》）の陰陽《いんよう》は、進化論《しんかろん》的《てき》に云《い》えば遺伝性《いでんせい》の優性《ゆうせい》と劣性《れっせい》を意味《いみ》することになるが、その頭脳《ずのう》の左右両葉《さゆうりょうよう》（脳《のう》）の陰性《いんせい》と陽性《ようせい》は、次《つぎ》の段階《だんかい》に於《お》いて夫々《それぞれ》優性《ゆうせい》と劣性《れっせい》を発揮《はっき》して、頭脳《ずのう》の陰陽《いんよう》のみでなく、ここに各自《かくじ》に五体《ごたい》が揃《そろ》って居《い》て、しかも陰陽《いんよう》であり相対《そうたい》である別々《べつべつ》の人間《にんげん》の肉体《にくたい》として、更《さら》に新《あたら》しい二《ふた》つの個体《こたい》に剖判《ぼうはん》する。すなわち男女《だんじょ》（雌雄《しゆう》）の発生《はっせい》である。男性《だんせい》と女性《じょせい》は共《とも》に五体揃《ごたいそろ》った人間《にんげん》であるが、男性《だんせい》は陽《よう》の性質《せいしつ》を自己《じこ》の優性《ゆうせい》として把持発揮《はじはっき》し、女性《じょせい》は陰《いん》の性能《せいのう》を自己《じこ》の優性《ゆうせい》として把持発揮《はじはっき》する。

初《はじ》め絶対《ぜったい》の一者《いっしゃ》であるロゴスが剖判《ぼうはん》して、頭脳《ずのう》の左右両葉《さゆうりょうよう》（脳《のう》）に進化《しんか》し、更《さら》にその頭脳《ずのう》の両葉《りょうよう》（脳《のう》）が一《ひと》つの頭蓋骨内《ずがいこつない》に止《とど》まらず、左《ひだり》は左《ひだり》、右《みぎ》は右《みぎ》と夫々独立《それぞれどくりつ》した人《じん》体《たい》に発達《はったつ》して男女両性《だんじょりょうせい》が生《う》まれた。その初《はじ》め羊歯類《シダるい》のような単性生殖《たんせいせいしょく》であった動植物《どうしょくぶつ》に何時《いつ》の頃《ころ》からか梅《うめ》や桜《さくら》やバラのような両性《りょうせい》が具《そな》わり、更《さら》に銀杏《イチヨウ》のような雄株《おかぶ》と雌株《めかぶ》が分《わか》れるようになった。両性《りょうせい》の肉体《にくたい》が分離《ぶんり》した事《こと》は、その頭脳《ずのう》が左右陰陽両翼《さゆういんようりょうよく》に剖《わか》れたことと同様《どうよう》に、これまたその後数百万年《のちすうひゃくまんねん》を要《よう》したことである。男性《だんせい》の両胸《りょうむね》に女性《じょせい》と同様《どうよう》に乳房《にゅうぼう》の残痕《ざんこん》が存《そん》することは、その昔人類《むかしじんるい》にも無性生殖時代《アセックスせいしょくじだい》があった事《こと》の名残《なごり》と考《かんが》えると面白《おもしろ》い。

言霊《げんれい》ロゴスの機能《きのう》と構造《こうぞう》である絶対《ぜったい》の一者《いっしゃ》が、心《こころ》と肉体《にくたい》の陰陽両者《いんようりょうしゃ》として演繹分裂進《えんえきぶんれつしん》化《か》して来《き》たことはロゴス自体《じたい》の発展《はってん》であって、その間《かん》に微妙《びみょう》なロゴスそのものの合理的《ごうりてき》な正確《せいかく》な活動《かつどう》が存在《そんざい》して居《い》る。このロゴスの論理的《ろんりてき》、歴史的《れきしてき》な発展《はってん》の歴史《れきし》を省《かえり》みることなしに現象《げんしょう》の表面《ひょうめん》だけから判断《はんだん》して、男女同権論《だんじょどうけんろん》やウーマン・リブの思想《しそう》を弄《もてあそ》ぶ時《とき》、生《せい》命《めい》のロゴスのロゴス性《せい》（道理《どうり》）に相反《あいはん》する恐《おそ》れが生《しょう》じる。男《おとこ》と女《おんな》とは同日《どうじつ》に論《ろん》ずべきものではない。「誰《たれ》か烏《カラス》の雌雄《しゆう》を知《し》らんや」（詩経《しきょう》）などと云《い》って居《い》られない。男女《だんじょ》の相《そう》違《い》の根本《こんぽん》は、男性《だんせい》に於《お》いて優性《ゆうせい》であるところが、女性《じょせい》に於《お》いては劣性《れっせい》である事《こと》であり、換言《かんげん》すれば心理的《しんりてき》な男女《だんじょ》の差異《さい》は、頭脳《ずのう》の左右両葉《さゆうりょうよう》（脳《のう》）の優劣《ゆうれつ》が反対《はんたい》である事《こと》である。

「一《いち》は二《に》を生《しょう》じ、二《に》は一《いち》に還《かえ》る」（老子《ろうし》）と述《の》べた。今日《こんにち》の文明《ぶんめい》では「一《いち》は二《に》を生《しょう》ず」と云《い》う演繹《えんえき》は出来《でき》るが、「二《に》は一《いち》に還《かえ》る」と云《い》う帰納《きのう》が不可能《ふかのう》である。元来《がんらい》、一《いち》であるロゴスの頭脳《ずのう》が男女二《だんじょふた》つの肉体《にくたい》に演繹《えんえき》されたのだから、その男女二《だんじょふた》つが元《もと》の一《いち》に帰納《きのう》される道《みち》が存《そん》する。その帰納《きのう》の道《みち》の端緒《たんしょ》は恋愛《れんあい》である。恋愛《れんあい》の具現《ぐげん》である夫婦《ふうふ》の道《みち》（嫁《とつ》ぎの道《みち》）とは、両《ふた》つに剖《わか》れたセミ・スフェラー（ベター・ハーフ）が、元《もと》の本来《ほんらい》の絶対《ぜったい》の一者《いっしゃ》たる渾然《こんぜん》たるロゴスに還元《かんげん》し、進化《しんか》を遡《さかのぼ》って始原《しげん》の球体《きゅうたい》である唯一《ゆいいつ》の人間《にんげん》の霊肉《れいにく》に還《かえ》ろうとする過程《かてい》である。この事《こと》を説《と》いたのはプラトンであって、恋愛《れんあい》と宗教《しゅうきょう》、哲学《てつがく》の求道過程《きゅうどうかてい》は本質的《ほんしつてき》には全《まった》く同《おな》じ道《みち》であって、思惟《しゆい》にせよ、その昔《むかし》、二《ふた》つに分《わか》れたものが元《もと》の完全《かんぜん》な一者《いっしゃ》に帰納《きのう》される道《みち》である。

一人《ひとり》の男性《だんせい》は完全《かんぜん》な人間《にんげん》ではなく、それは人間《にんげん》の男《おとこ》（雄《おす》）である。一人《ひとり》の女性《じょせい》は完《かん》全《ぜん》な人間《にんげん》ではなく、人間《にんげん》の女《おんな》（雌《めす》）である。何《いず》れも人間《にんげん》の片割《かたわ》れ semi-sphere《セミスフィア》に他《ほか》ならない。男女《だんじょ》が結婚《けっこん》して夫婦《ふうふ》となった時《とき》、初《はじ》めて道徳上《どうとくじょう》の人間《にんげん》の人格《じんかく》の単元《たんげん》となる。この人格《じんかく》は、同時《どうじ》に法律上《ほうりつじょう》の人格《じんかく》でなければならない。東洋《とうよう》の思想《しそう》は昔《むかし》から斯《か》くあった。男女《だんじょ》を夫々別個《それぞれべっこ》の一人格《いちじんかく》と考《かんが》える欧米《おうべい》の男女同権思想《だんじょどうけんしそう》は、祖先《そせん》のプラトンに還《かえ》らねばならない。

生《せい》命《めい》の基《き》本《ほん》法《ほう》則《そく》（ロゴス）の簡《かん》易《い》性《せい》

去年《さくねん》の立春《りっしゅん》の朝《あさ》、鶏卵《けいらん》の啓示《けいじ》を受《う》けて、古事記《こじき》や創世記《そうせいき》に於《お》いて、方形又《ほうけいまた》は矩形《くけい》に並《なら》べられた五十音《ごじゅうおん》が円形《えんけい》に組《く》み立《た》てられた。これによって、親《しん》（祖《おや》）音《いん》、父韻《ふいん》、母《ぼ》音《いん》、半母音《はんぼいん》、子音《しいん》の時処位《じしょい》の関係《かんけい》が一目瞭然《いちもくりょうぜん》となって、布斗麻邇《ふとまに》神道《しんとう》の八咫鏡《やたのかがみ》の素材《ウルザツヘ》と素描《デッサン》を明《あき》らかになし得《え》た。この円形《えんけい》の音図《おんず》こそ、最初《さいしょ》に構成《こうせい》された自然《しぜん》のままの天《あま》津菅麻《つすがそ》であり、即《すなわ》ち火之迦具土神《ほのかぐつちのかみ》である。この円形《えんけい》の音図《おんず》を、粘土盤《ねんどばん》の上《うえ》に刻《きざ》んで窯《や》いたものが、所謂《いわゆる》、clay-tablet《クレイ タブレット》であり、迦具土《かぐつち》は、すなわち「書《か》く土《つち》」の呪文《じゅもん》である。

此《こ》の図形《ずけい》の五十音図《ごじゅうおんず》を基礎《きそ》として、道《ロゴス》（律法《りっぽう》）の内容《ないよう》の研究《けんきゅう》と検討《けんとう》が開始《かいし》される。すなわち金山毘古神《かなやまびこのかみ》、金山毘売神《かなやまびめのかみ》以下《いか》、天照大御神《あまてらすおほみかみ》に至《いた》る、禊祓《みそぎはらひ》の法《ほう》の操作《そうさ》である石上神宮《いそのかみじんぐう》の原理《げんり》の五十神《ごじゅっしん》が顕《あら》われる。そして、その操作《そうさ》のために音図《おんず》は円形《えんけい》から方形《ほうけい》に組《く》み直《なお》される。本冊子《ほんさつし》に題《だい》して『言霊開眼《げんれいかいがん》』と記《しる》したのは、前述《ぜんじゆつ》の如《ごと》く八父韻《はちふいん》HTSKMRYN、親音《しんいん》I（イ）・Wi（ヰ《ゐ》）の位置《いち》と意義《いぎ》が明《あき》らかになったからであって、此《こ》の父韻《ふいん》と親音《しんいん》がロゴスの眼《め》（芽《め》）embryo《エンブリオ》であり、律法《りつぽう》Law《ロウ》の眼目《がんもく》eye《アイ》である。この眼目《がんもく》は第三《だいさん》の眼《め》であって、布斗麻邇《ふとまに》の神《かみ》、伊邪那岐大神《いざなぎのおほかみ》は仏教《ぶつきよう》の伊舎那天《いざなてん》に当《あた》り、その画像《がぞう》は三《み》つ目《め》に描《えが》かれる。第三《だいさん》の眼《め》は、前述《ぜんじゆつ》の仏陀《ぶつだ》の白毫《びやくごう》の位置《いち》にある。この円形《えんけい》の音図《おんず》（火之迦具土神《ほのかぐつちのかみ》）が仏教《ぶつきよう》の胎臓界曼荼羅《たいぞうかいマンダラ》であって、この円形《えんけい》を四角《しかく》な図《ず》に組《く》み替《か》えて研究《けんきゆう》、検討《けんとう》を加《くわ》えて金剛界曼荼羅《こんごうかいマンダラ》である恒常不変《こうじようふへん》の律法《おきて》が完成《かんせい》する。恰《あたか》も鶏卵《けいらん》から雛《ひな(ひよこ)》（鶏《ニワトリ》の完成体《かんせいたい》）が孵《かえ》って来《く》る如《ごと》きものであろう。

円形《えんけい》の五十音図《ごじゆうおんず》を作《つく》って、これが五十鈴宮《いすずのみや》の八咫鏡《やたのかがみ》の原形《げんけい》であり、キリスト教《きよう》で云《い》う神《かみ》の律法《りつぽう》Law《ロウ》の原典《げんてん》であり、すなわち天国《てんごく》パラダイスの原形《げんけい》であり、主《しゆ》の主《しゆ》、王《おう》の王《おう》の王冠《おうかん》の構造《こうぞう》であり、また仏教《ぶつきよう》の仏国土《ぶつこくど》の荘厳《しようごん》の真態《しんたい》であり、仏陀無上正覚《ぶつだむじようしようがく》（妙法蓮華《みようほうれんげ》、仏所護念《ぶつしよごねん》）の基礎的内容《きそてきないよう》である等々《などなど》と、様々《さまざま》な功徳効能《くどくこうのう》を示現《じげん》して居《い》ることを述《の》べた。

五《ご》十《じゆう》音《おん》図《ず》（言霊《げんれい》布《フ》斗《ト》麻《マ》邇《ニ》）

	ワ	サ	ヤ	ナ	ラ	ハ	マ	カ	タ	ア
（を）	ヲ	ソ	ヨ	ノ	ロ	ホ	モ	コ	ト	オ
	ウ	ス	ユ	ヌ	ル	フ	ム	ク	ツ	ウ
（ゑ）	ヱ	セ	エ	ネ	レ	ヘ	メ	ケ	テ	エ
（ゐ）	ヰ	シ	イ	ニ	リ	ヒ	ミ	キ	チ	イ

図表-8｜**五十音図（言霊布斗麻邇）**

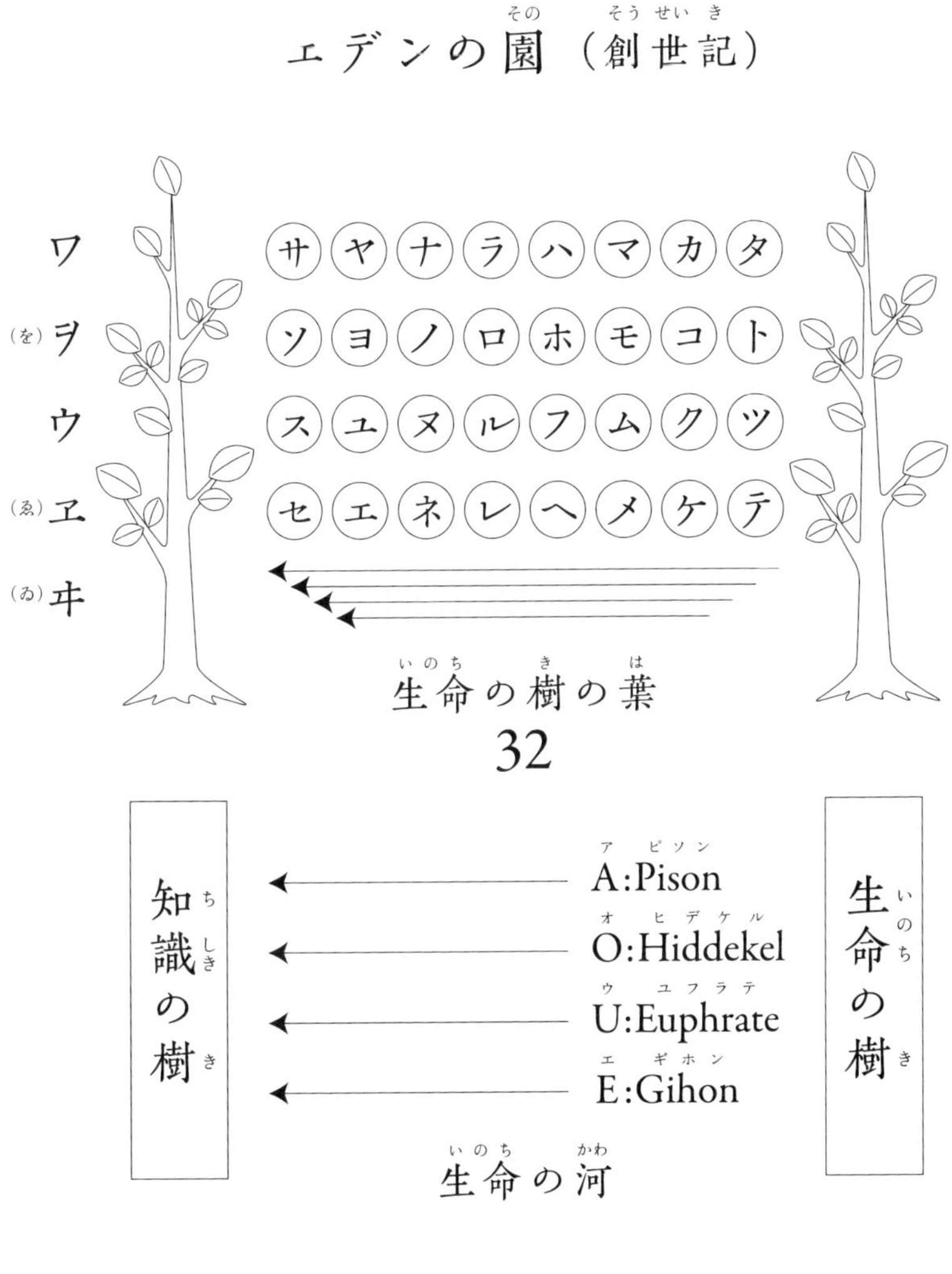

図表-9｜**エデンの園（創世記）**

然《しか》も僅《わず》か五十個《ごじゅっこ》の言葉《ことば》（音《おん》）を配列《はいれつ》した、この様《よう》な簡単至極《かんたんしごく》の曼荼羅《マンダラ》が、洋《よう》の東西《とうざい》を問《と》わず人類《じんるい》が三千年間《さんぜんねんかん》、遠《とお》くはアブラハム、モーゼ、或《ある》いはツァラツストラの時代《じだい》より、更《さら》にはエジプトの遠《とお》いファラオの王朝《おうちょう》の頃《ころ》より憧憬《しょうけい》し探求《たんきゅう》されて来《き》た、真理《しんり》の正体《しょうたい》で有《あ》り得《え》るものであろうかと、一応《いちおう》は驚《おどろ》き三省《さんせい》しても見《み》る。然《しか》し言葉《ことば》であるロゴスの父《ふ》韻《いん》、母音《ぼいん》、半母音《はんぼいん》、親音《しんいん》、子音《しいん》は、これ以上《いじょう》、生命《せいめい》の律法《りっぽう》として簡潔《かんけつ》に整理配列《せいりはいれつ》し得《え》ない。本来《ほんらい》は仏教《ぶっきょう》にせよ、基督教《キリストきょう》にせよ、ギリシャ哲学《てつがく》などの西洋哲学《せいようてつがく》にせよ、或《ある》いは心理学《しんりがく》にせよ、生物学《せいぶつがく》にせよ、さらには理論物理学《りろんぶつりがく》にせよ、その根本《こんぽん》の律法《ロゴス》、仏《ぶっ》所護念《しょごねん》は、決《けっ》して難《むずか》しいものではなく、また難《むずか》しいものであってはならない。

業《ごう》の相続《そうぞく》と錯乱《さくらん》

超越《ちょうえつ》した整理《せいり》された崇高《すうこう》な天上界生命界《てんじょうかいせいめいかい》のロゴスに就《つ》いてばかりでなく、我々《われわれ》が日常現実《にちじょうげんじつ》に多《おお》くの人《ひと》が、無自覚無反省無批判《むじかくむはんせいむひはん》に生《い》きている現代《げんだい》の地獄相《じごくそう》の一端《いったん》に触《ふ》れて見《み》る。そうすることによって、律法《りっぽう》ロゴスの権威《けんい》がいよいよはっきり浮《うか》び上《あが》る。

超越《ちょうえつ》したロゴスの次元《じげん》から見《み》る時《とき》「無量劫《むりょうごう》の事即《じすなわ》ち如今《にょこん》。」（無門関《むもんかん》第四十七則《だいよんじゅうななそく》）であって、「五百生野狐身《ごひゃくしょうやこしん》に堕《だ》す。」（無門関《むもんかん》第二則《だいにそく》）である所以《ゆえん》が明瞭《めいりょう》になる。個人《こじん》の場合《ばあい》も、その個人《こじん》の綜合《そうごう》である国家《こっか》、民族《みんぞく》の場合《ばあい》も同様《どうよう》である。また貴賤上下《きせんじょうげ》の差別《さべつ》を問《と》わぬ。全国家全民族《ぜんこっかぜんみんぞく》が、魂《たましい》のコンプレックス（野狐身《やこしん》）を解脱《げだつ》しなければ、世界《せかい》に平和《へいわ》は来《こ》ない。業《ごう》のコンプレックスを釈《と》かない限《かぎ》り、人間《にんげん》は正当《せいとう》の人間性《にんげんせい》によってのみ実現《じつげん》する。現在《げんざい》の常識《じょうしき》からは極《きわ》めて厳粛苛烈《げんしゅくかれつ》に見《み》えるが、この業《ごう》の浄化清算《じょうかせいさん》を

「最後《さいご》の審判《しんぱん》」と云《い》う。最後《さいご》の審判《しんぱん》を通過《つうか》した後《のち》、初《はじ》めて世界《せかい》に平和《へいわ》が到来《とうらい》する。平和《へいわ》が来《こ》なければ、間《ま》もなく第三次世界大戦《だいさんじせかいたいせん》によって、肉体霊魂《にくたいれいこん》共《とも》に全面的《ぜんめんてき》破壊《はかい》を蒙《こうむ》ってすべてが終《お》わる。最後《さいご》の審判《しんぱん》の浄化整理《じょうかせいり》を経《へ》ることによって、正当《せいとう》な人間性《にんげんせい》の確立《かくりつ》を得《え》て、肉体的物質的《にくたいてきぶっしってき》な全滅《ぜんめつ》を免《まぬが》れるか、どちらにしても人類《じんるい》は有史以来《ゆうしいらい》の大峠《おおとうげ》を越《こ》えなければならぬ。その時《とき》は、刻一刻《こくいっこく》と迫《せま》って来《く》る。その時期《じき》は西暦二千年《せいれきにせんねん》と予言《よげん》され、我々《われわれ》にも予想《よそう》される。氷山《ひょうざん》に衝突《しょうとつ》した地球《ちきゅう》と云《い》うタイタニック号《ごう》の船上《せんじょう》で呑気《のんき》な議論《ぎろん》をしたり、貸金《かしがね》を争《あらそ》ったり、酒盃《しゅはい》を上《あ》げ、踊《おど》り呆《ほ》ける愚迷《ぐめい》を止《や》めよ。

仏教《ぶっきょう》にせよ、キリスト教《きょう》にせよ、民間宗教《みんかんしゅうきょう》にせよ、教派宗派《きょうはしゅうは》に細分化《さいぶんか》され、政治《せいじ》や哲学《てつがく》の分野《ぶんや》に於《お》いても、新《あたら》しい政策《せいさく》、理論《りろん》が次々《つぎつぎ》に編《あ》み出《だ》されて、それが整理帰納《せいりきのう》されて行《い》くことなく、逆《ぎゃく》に錯乱《さくらん》に錯乱《さくらん》を重《かさ》ねて行《い》く。その当事者《とうじしゃ》は、我《われ》こそはと気《き》負《お》って新《あたら》しい思想《しそう》を提供施行《ていきょうせぎょう》して居《い》るつもりで居《い》るが、実際《じっさい》にはこれによって世界《せかい》のコンプレックスを益々助長《ますますじょちょう》する以外《いがい》には何《なん》の効果《こうか》ももたらさない。従来《じゅうらい》の知性《ちせい》を以《もっ》て人間《にんげん》が文明《ぶんめい》を解決《かいけつ》しようとすればする程《ほど》、結果《けっか》はいよいよ世界《せかい》の紛糾《ふんきゅう》を招《まね》く。

何故然《なぜしか》るかと云《い》うと、人間《にんげん》は各自《かくじ》の主観《しゅかん》に基《もと》づいて、文明《ぶんめい》の演繹文化《えんえきぶんか》にのみ競《きそ》い合《あ》って、文明《ぶんめい》の解決《かいけつ》は演繹《えんえき》ではなく帰納《きのう》にあることを忘《わす》れて居《い》るからである。武力《ぶりょく》とか金権《きんけん》によって世界《せかい》を一《ひと》つに統轄《とうかつ》しようとする妄想《もうそう》が、例《たと》えばソ連《れん》の帝国主義《ていこくしゅぎ》やユダヤのシオニズム運動《うんどう》のように世界《せかい》の支配者《しはいしゃ》の間《あいだ》に猶《な》お執拗《しつよう》に行《おこな》われて居《い》て、妥当性《だとうせい》を持《も》った真理《しんり》によって世界《せかい》を帰納帰一《きのうきいつ》する叡智《えいち》を人類《じんるい》が思《おも》い付《つ》かない為《ため》である。

文明《ぶんめい》を帰納《きのう》する道《みち》に二筋《ふたすじ》がある。一《ひと》つは此《こ》の人類文明《じんるいぶんめい》が創造《そうぞう》された、その始原《しげん》の創造原理《そうぞうげんり》である、生命《せいめい》のロゴスに帰一《きいつ》することである。文明《ぶんめい》の創造原理《そうぞうげんり》は、他《ほか》に求《もと》めても得《え》られない。それは常《つね》に今此処《いまここ》（中今《なかいま》）に存在《そんざい》して居《い》る人間《にんげん》の生命《せいめい》の合理性《ごうりせい》、すなわち「生命《せいめい》の光《ひかり》」である言葉《ことば》に存《そん》するのであるから、紛糾《ふんきゅう》を重《かさ》ねて果《は》てしない理論《りろん》や政策《せいさく》を一思《ひとおも》いにすべて還元揚棄《かんげんようき》して、出発点《しゅっぱつてん》の「中今《なかいま》」に帰《かえ》ることである。「『出《で》て行《い》かれる道《みち》は一《ひと》つしかない。』『というのは？』『それはお前《まえ》さんのここへ来《き》た道《みち》だ。』」（芥川龍之介《あくたがわりゅうのすけ》『河童《かっぱ》』）。学生時代《がくせいじだい》の筆者《ひっしゃ》が『改造《かいぞう》』の誌面《しめん》にこの一節《いっせつ》を読《よ》んだ時《とき》、愕然《がくぜん》とした事《こと》を今《いま》も覚《おぼ》えて居《い》る。

文明《ぶんめい》を帰納《きのう》する第二《だいに》の道《みち》は、此処《ここ》まで来《き》たところの歴史《れきし》（経歴《けいれき》、因縁《いんねん》）を遡《さかのぼ》って、その歴史《れきし》の出発点《しゅつばってん》、淵源《えんげん》に帰《かえ》ることである。宗教的《しゅうきょうてき》に云《い》うならば、その因縁因果《いんねんいんが》、業《カルマ》の流転倒錯《るてんとうさく》を、とことんまで反省《はんせい》する事《こと》であり、更《さら》に神秘的《しんぴてき》に云《い》うならば、霊《みたま》の輪廻《りんね》相続《そうぞく》の来《き》し方《かた》を省《かえり》みて、その倒錯《とうさく》が始《はじ》まる以前《いぜん》の清浄《せいじょう》な状態《じょうたい》に還元《かんげん》することである。日本《にほん》では、三千年昔《さんぜんねんむかし》まで連綿《れんめん》と続《つづ》いた神代《かみよ》の皇朝《こうちょう》の布斗麻邇《ロゴス》政治《せいじ》が廃止《はいし》され、神倭磐余彦《かむやまといわれひこ》（神武《じんむ》）皇朝《こうちょう》の自由主義覇道政治時代《じゆうしゅぎはどうせいじじだい》となった時《とき》から、倒錯分裂対立《とうさくぶんれつたいりつ》が始《はじ》まった。文明《ぶんめい》の淵源《えんげん》、文明《ぶんめい》の出発点《しゅつばってん》を創世記《そうせいき》のアダムとイヴに置《お》くならば、そのアダムとイヴがロゴスの殿堂《でんどう》（範疇《はんちゅう》）であるエデンを放逐《ほうちく》されて、すなわちみずからその生命《せいめい》のロゴスを捨《す》てて、その生命《せいめい》の知恵《ロゴス》を忘《わす》れたことである。「原罪《げんざい》」が発生《はっせい》した時《とき》が、人類《じんるい》の業《カルマ》が発生《はっせい》した時《とき》である。この二《ふた》つの事柄《ことがら》に関《かん》し、このロゴスの原理《げんり》の紹介《しょうかい》と歴史《れきし》の流《なが》れの道筋《みちすじ》に就《つ》いて、今《いま》まで拙著《せっちょ》『第三文明《だいさんぶんめい》への通路《つうろ》』『言霊百神《げんれいひゃくしん》』『大祓祝詞解義《おほはらいのりとかいぎ》』『世界維新《せかいいしん》への進発《しんぱつ》』『言霊精義《げんれいせいぎ》』等《など》の中《なか》で縷々《るる》説《と》き続《つづ》けて来《き》た。

混乱《こんらん》を避《さ》けるために、ロゴスと歴史《れきし》を二《ふた》つに分《わ》けて考《かんが》えて来《き》たが、両者《りょうしゃ》は実《じつ》は一《ひと》つのものである。歴史《れきし》を遡《さかのぼ》った人類《じんるい》の業《ごう》の淵源《えんげん》は、今此処《いまここ》（中今《なかいま》）に存《そん》する生命《せいめい》の律法《りっぽう》である。「無量劫《むりょうごう》の事即《じすなわ》ち如今《にょこん》。」（無門関《むもんかん》第四十七則《だいよんじゅうななそく》）と云《い》われるが、無量劫《むりょうごう》の歴史《れきし》因縁《いんねん》を遡《さかのぼ》って始原《しげん》に還《かえ》り得《え》た所《ところ》は、今此処《いまここ》に居《い》る人間《にんげん》の中《なか》に、それより高次元《こうじげん》の領域《りょういき》に展開《てんかい》組織《そしき》されて居《い》る。生命《せいめい》の全局《ぜんきょく》の原理《げんり》である。この原理《げんり》の存在場所《そんざいばしょ》を、すなわちその原理《げんり》そのものを、高天原《たかあまはら》、天国《てんごく》、パラダイス、エデンの園《その》、仏国土《ぶっこくど》、極楽《ごくらく》と云《い》う。その高天原《たかあまはら》の世界《せかい》は、アオウエ四智《しち》のみを空《むな》しく操作《そうさ》して居《い》る現代《げんだい》の人類《じんるい》の知性《ちせい》から一《いっ》歩次元《ぽじげん》を超越《ちょうえつ》した、第五次元《だいごじげん》イの世界《せかい》に位《くらい》する布斗麻邇《ロゴス》、すなわちイ言霊《げんれい》の最上階《ソフィア》の境域《きょういき》である。業《カルマ》の淵源出発点《えんげんしゅつぱつてん》、すなわち律法《ロゴス》（言葉《ことば》）の淵源《えんげん》であって、ロゴスの淵源《えんげん》に到達《とうたつ》しなければ、倒錯《とうさく》する業《ごう》の出発点《しゅつぱつてん》を究《きわ》め得《え》られない。個体発生《こたいはっせい》（ロゴス）と、系統発生《けいとうはっせい》（歴史《れきし》）の双《ふた》つ乍《なが》らの共通《きょうつう》の淵源《えんげん》は「中今《なかいま》」にある。

今日《こんにち》の世界《せかい》の様相《ようそう》は、業《ごう》が長《なが》い歴史《れきし》を経過《けいか》して因果流転《いんがるてん》、輪廻倒錯《りんねとうさく》を幾重《いくえ》にも繰返《くりかえ》して来《き》た揚《あ》げ句《く》の果《は》てである。「不落因果《ふらくいんが》、不昧因果《ふまいいんが》」（無門関《むもんかん》第二則《だいにそく》）が説《と》かれたが、どうすれば不落因果《ふらくいんが》であるか、どうすれば不昧因果《ふまいいんが》で有《あ》り得《え》るか、思索修練《しさくしゆうれん》を経《へ》た「大修行底《だいしゆぎようてい》の人《ひと》」（無門関《むもんかん》第二則《だいにそく》）でも、識別《しきべつ》は殆《ほとん》どと云《い》うよりは全《まった》く不可能《ふかのう》になって居《い》る。因果《いんが》（業《ごう》）の催《もよお》しは貴賤上下学識《きせんじようげがくしき》の如何《いかん》を問《と》わない。生老病死《しようろうびようし》の四苦《しく》が、社会的地位階級《しやかいてきちいかいきゆう》に拘《こだ》わらぬことと同様《どうよう》である。

日本《にほん》では、川端康成《かわばたやすなり》氏《し》でも、三島由紀夫《みしまゆきお》氏《し》でも、遂《つい》にその終《お》わりを自《みずか》ら縮《ちぢ》めざるを得《え》ない破目《はめ》に追《お》い込《こ》まれた。『美《うつく》しい日本《にほん》の私《わたし》』に見《み》る如《ごと》く、芭蕉《ばしよう》と道元《どうげん》と親鸞《しんらん》を学《まな》び尽《つく》し行《ぎよう》じ尽《つく》して居《い》る川端氏《かわばたし》にも、現代《げんだい》の日本並《にほんなら》びに世界《せかい》の思想界《しそうかい》に住《す》んで居《い》る限《かぎ》り、生命《せいめい》の律法《ロゴス》は釈《と》き得《え》ない。今《いま》の日本《にほん》には、そして世界《せかい》には、芭蕉《ばしよう》と親鸞《しんらん》を越《こ》えて、更《さら》に聖書《せいしよ》と経文《きようもん》に示《しめ》されたモーゼと、イエスと、釈迦牟尼仏《しやかむにぶつ》の教理《きようり》を越《こ》えて、更《さら》に高《たか》く深《ふか》い境域《きよういき》に登《のぼ》り得《え》る梯子《はしご》がない。

日本《にほん》の従来《じゆうらい》の右翼《うよく》が誠意《せいい》を傾《かたむ》けて天皇《てんのう》に忠節《ちゆうせつ》を尽《つく》し、その意義《いぎ》を明《あき》らかにする為《ため》に現《げん》代《だい》の世界《せかい》の思惟方法《しゆいほうほう》の範囲内《はんいない》での渾身《こんしん》の努力《どりよく》を傾《かたむ》けても、その真剣《しんけん》さは却《かえ》って逆効果《ぎやくこうか》を斎《もた》らす。その理由《りゆう》は、前述《ぜんじゆつ》の如《ごと》く歴史的《れきしてき》には神武維新《じんむいしん》に於《お》いて神秘《しんぴ》の布斗麻邇《ロゴス》政治《せいじ》が逆維《ぎやくい》新《しん》せられて、日本《にほん》は自由覇道主義《じゆうはどうしゅぎ》の時代《じだい》に入《はい》ったからである。この思惟方法《しゆいほうほう》の変革《へんかく》は崇《す》神天皇《じんてんのう》の時《とき》、更《さら》に強調《きょうちょう》せられて三種《さんしゅ》の神器《じんぎ》（言霊布斗麻邇《げんれいふとまに》）の同床共殿《どうしょうきょうでん》が廃止《はいし》されて、伊勢《いせ》（笠縫邑《かさぬいむら》）神宮《じんぐう》の奥深《おくふか》く秘蔵《ひぞう》された。天皇《てんのう》は神代《かみよ》の「天津日嗣天皇《あまつひつぎすめらみこと》」（ロゴスの継承者《けいしょうしゃ》、言葉《ことば》の統御者《すめらしゃ》）として、神器《じんぎ》を把持施行《はじせぎょう》する者《もの》である実質《じっしつ》を喪失《そうしつ》して、単《たん》なる名目上《めいもくじょう》の天皇《てんのう》、云《い》わば民族《みんぞく》の無形《むけい》の宗教《しゅうきょう》の御本尊《ごほんぞん》としてだけの形態《けいたい》になった。明治憲《めいじけん》法《ぽう》にあっては「大日本帝国《だいにほんていこく》ハ万世一系《ばんせいいっけい》ノ天皇之《てんのうこれ》ヲ統治《とうち》ス 天皇《てんのう》ハ神聖《しんせい》ニシテ侵《おか》スヘカラス」と僅《わず》かにその神道上《しんとうじょう》の意義《いぎ》を冒頭《ぼうとう》に掲《かか》げてあるが、昭和憲法《しょうわけんぽう》に於《お》いては天皇《てんのう》はみずからの神性《しんせい》（ロゴスの権威《けんい》）を放棄《ほうき》して、「国民統合《こくみんとうごう》の象徴《しょうちょう》」と云《い》う哲学者《てつがくしゃ》（西田幾多郎《にしだきたろう》氏《し》等《ら》）がでっち上《あ》げた実体《じったい》の無《な》い概念《がいねん》になった。神性放棄《しんせいほうき》の宣言《せんげん》では、天津日嗣《あまつひつぎ》の伝統《でんとう》を架空《かくう》の神話《しんわ》と嘲笑《ちょうしょう》したが、国民統合《こくみんとうごう》の象徴《しょうちょう》などと云《い》うことこそ却《かえ》って架空《かくう》の概念《がいねん》である。

ここの所《ところ》を重《かさ》ねて説《と》こう。天壌無窮万世一系《てんじょうむきゅうばんせいいっけい》の天津日嗣《あまつひつぎ》の高御座《たかみくら》（天皇《てんのう》の神性《しんせい》）は、人皇百二十四代《じんこうひゃくにじゅうよんだい》に至《いた》って空虚《くうきょ》な神話《しんわ》と目《もく》されて放棄《ほうき》された。この放棄《ほうき》の宣言《せんげん》（詔勅《しょうちょく》）は「綸言汗《りんげんあせ》の如《ごと》し」（漢書《かんじょ》）で、天皇自身取消《てんのうじしんとりけ》すことが出来《でき》ない。日本《にほん》の政府《せいふ》、議《ぎ》会《かい》、裁判所《さいばんしょ》にはこの宣言《せんげん》を取消《とりけ》す機能《きのう》（権限《けんげん》）がない。それは人為《じんい》によらず、天照大御神《あまてらすおほみかみ》の神勅《しんちょく》、すなわちロゴスみずからの権威《けんい》によって設定《せってい》されたものであるからである。

だが一方《いっぽう》、天皇《てんのう》の神性放棄《しんせいほうき》の結果《けっか》、三千年来日本天皇家《さんぜんねんらいにほんてんのうけ》が継承把持《けいしょうはじ》して居《い》た秘宝《ひほう》である布斗麻邇三種《ふとまにさんしゅ》の神器《じんぎ》のタブーが解禁《かいきん》されて、その実質《じっしつ》を全人類《ぜんじんるい》の前《まえ》に自由《じゆう》に公開《こうかい》して差《さ》し支《つか》えない事《こと》となった。事実《じじつ》、本書《ほんしょ》に見《み》る如《ごと》く、その公開《こうかい》が自由《じゆう》に可能《かのう》である機運《きうん》が招来《しょうらい》された。「摩尼宝珠《まにほうじゅ》」「不老不死《ふろうふし》（天壌無窮万世一系《てんじょうむきゅうばんせいいっけい》）の仙薬《せんやく》」と渇仰《かつごう》された天皇家《てんのうけ》の形而上《けいじじょう》の秘宝《ひほう》が、一転《いってん》して人類共通《じんるいきょうつう》の財産《ざいさん》となった。此《こ》の事《こと》は、神性《しんせい》放棄《ほうき》と云《い》う一見悲《いっけんかな》しむべき事実《じじつ》の半面《はんめん》に於《お》ける絶大《ぜつだい》なるメリットである。神器継承把持《じんぎけいしょうはじ》の責任者《せきにんしゃ》である天皇《てんのう》にして初《はじ》めて、これを放棄《ほうき》して世界人類共有共通《せかいじんるいきょうゆうきょうつう》の形而上《けいじじょう》の財産《ざいさん》に転換《てんかん》する事《こと》が叶《かな》ったのである。神性放棄《しんせいほうき》は即《すなわ》ち神性開放《しんせいかいほう》である。戦後三十余年《せんごさんじゅうよねん》、日本《にほん》の上下《しょうか》を挙《あ》げて、未《いま》だに天皇《てんのう》が放棄《ほうき》したものの価値《かち》の絶大《ぜつだい》さを知《し》らない。それは「価値《あたい》は三千大千世界《さんぜんだいせんせかい》なり。」（提婆達多品《だいばだったぼん》）と云《い》われる摩尼宝珠《まにほうじゅ》である。

今日《こんにち》、全人類《ぜんじんるい》が渇仰《かつごう》するロゴスである高天原《たかあまはら》の本質構成原理《ほんしつこうせいげんり》は、現在市井《げんざいしせい》に住《す》む年《とし》老《お》いた学徒《がくと》によって奉戴開顕《ほうたいかいけん》され、すなわち日本人《にほんじん》によって、日本《にほん》の国《くに》の中《なか》に、日本語《にほんご》（大和言葉《やまとことば》）を以《もっ》て護持《ごじ》されて居《い》る。「天壌無窮《てんじょうむきゅう》の天津日嗣《あまつひつぎ》」とは、「天地《てんち》の過《す》ぎ往《ゆ》かぬうちに、律法《おきて》の一点《いってん》、一画《いっかく》も廢《すた》ることなく、ことごとく全《まった》うせらるべし。」（新約《しんやく》マタイ伝第五章《でんだいごしょう》）と云《い》われるものである。ヨハネ伝第一章《でんだいいっしょう》のロゴス（言葉《ことば》）を求《もと》め、法華経方便品《ほけきょうほうべんぼん》の「妙法蓮華《みょうほうれんげ》、仏所護念《ぶつしょごねん》」である「言辞《ごんじ》の相《そう》」すなわち「一切諸仏所《いっさいしょぶっしょ》護念経《ごねんきょう》」（阿弥陀経《あみだきょう》）の真理《しんり》を求《もと》める世界人《せかいじん》は、この日本《にほん》に来《き》て親《した》しくこの人類《じんるい》の至《し》宝《ほう》を伝授《でんじゅ》されるがよい。黙示録第二十二章《もくしろくだいにじゅうにしょう》の約束《やくそく》に従《したが》って、何人《なんぴと》と雖《いえど》も「値《あたい》なくして」（無料《むりょう》で）これを得《え》られるであろう。

「天皇陛下万歳《てんのうへいかばんざい》」と云《い》う言葉《ことば》は、神代以来《かみよいらい》「あまつひつぎすめらみこと」に捧《ささ》げられた祝福《しゅくふく》の辞《じ》である。これを人間天皇《にんげんてんのう》、象徴天皇《しょうちょうてんのう》に対《たい》する辞《じ》として用《もち》いても、世界人《せかいじん》には何《なん》の反応《はんのう》も起《お》こらない。世界《せかい》に通用《つうよう》しない。人間天皇《にんげんてんのう》、象徴天皇《しょうちょうてんのう》は、皇位継承《こういけいしょう》の天璽《あまつみしるし》としての布斗麻邇《ふとまに》三種《さんしゅ》の神器《じんぎ》である天壌無窮《てんじょうむきゅう》、万世一系《ばんせいいっけい》の生命《せいめい》の律法《ロゴス》を持《も》って居《い》ないからである。戦争《せんそう》が終《お》わって死《し》んで帰《かえ》って来《き》た靖国《やすくに》の英霊《えいれい》は、帰《かえ》るべき所《ところ》、永遠《えいえん》に服《まつ》ろうべき目標《もくひょう》を失《うしな》って、未《いま》だに中有《ちゅうう》を彷徨《ほうこう》して居《い》る。靖国神社《やすくにじんじゃ》から、選択本願《せんじゃくほんがん》の対象《たいしょう》である天津日嗣天皇《あまつひつぎすめらみこと》と云《い》う本尊《ほんぞん》が消《き》えてしまった。

業縁《カルマ》の運行《うんこう》に就《つ》いて、最後《さいご》に筆者自身《ひっしゃじしん》の経歴《けいれき》の一端《いったん》を述《の》べよう。筆者《ひっしゃ》の先師《せんし》、矢野《やの》祐太郎海軍大佐《ゆうたろうかいぐんたいさ》は、明治末期《めいじまっき》、大正以来《たいしょういらい》の宮中《きゅうちゅう》の霊的《れいてき》、オカルティシズム的紛糾《てきふんきゅう》を解《かい》決《けつ》しようとして、昭和初期《しょうわしょき》、皇族《こうぞく》と華族《かぞく》と右翼《うよく》とを糾合《きゅうごう》して、秘密結社《ひみつけっしゃ》「神政龍人会《しんせいりゅうじんかい》」を創《つく》ったが、大本教《おおもときょう》の検挙《けんきょ》に連座《れんざ》して不敬罪《ふけいざい》に問《と》われて、未決《みけつ》のうちに昭和十三年獄死《しょうわじゅうさんねんごくし》した。昭和六年夏《しょうわろくねんなつ》から矢野氏《やのし》が口述《こうじゅつ》した詳細《しょうさい》を編輯《へんしゅう》して文章《ぶんしょう》に綴《つづ》ったのが、当時二十九才《とうじにじゅうきゅうさい》だった筆者《ひっしゃ》が書《か》いた『神霊密書《しんれいみつしょ》』（神霊正典《しんれいせいてん》）である。

内容《ないよう》は竹内家神代歴史文献《たけうちけかみよれきしぶんけん》、ウエツフミ、富士宮下古文献等《ふじみやしたこぶんけんなど》の神武以前《じんむいぜん》の皇統譜《こうとうふ》の経緯《けいい》と、黒住《くろずみ》、天理《てんり》、金光《こんこう》、大本《おおもと》、妙霊教等《みょうれいきょうなど》の民間神道《みんかんしんとう》の日本及《にほんおよ》び世界《せかい》の将来《しょうらい》に関《かん》する予言《よげん》、神代《かみよ》から現代《げんだい》に及《およ》ぶ日本並《にほんなら》びに全世界各民族《ぜんせかいかくみんぞく》の霊魂《れいこん》の輪廻転生《りんねてんしょう》、業縁倒錯《ごうえんとうさく》の因果《いんが》を糾《あざな》って述《の》べてある。それを筆者自身《ひっしゃじしん》が、夜毎十二時《よごとじゅうにじ》を過《す》ぎる時刻《じこく》に机辺《きへん》を訪《おとず》れて来る五《ご》、六名《ろくめい》の白衣《はくい》の神人《しんじん》に指導《しどう》されて筆《ふで》を走《はし》らせた、デモニッシュ（悪魔的《あくまてき》）な文章《ぶんしょう》である。読《よ》む人《ひと》に霊気《れいき》が迫《せま》って行《い》く。

次《つぎ》の師《し》、山腰明將陸軍少佐《やまこしあきまさりくぐんしょうさ》は、大石凝真素美《おおいしごりますみ》氏等《しら》の宮中出身《きゅうちゅうしゅっしん》の旧《ふる》い時代《じだい》の言霊学者《げんれいがくしゃ》から受《う》け継《つ》いでまとめ上《あ》げた「言霊布斗麻邇三種《げんれいふとまにさんしゅ》の神器《じんぎ》」の学《がく》を、氏《し》みずから天皇《てんのう》に復命《かえりごと》しようと、真崎甚三郎氏《まさきじんざぶろうし》、山本英輔氏等《やまもとえいすけしら》の陸海軍《りくかいぐん》の将官《しょうかん》を同志《どうし》に糾合《きゅうごう》して運動《うんどう》した。その結社《けっしゃ》「明生会《めいせいかい》」に筆者《ひっしゃ》が加盟《かめい》したのは昭和十一年頃《しょうわじゅういちねんころ》で、山腰氏《やまこしし》の指揮《しき》に従《したが》って会員達《かいいんたち》と共《とも》に啓蒙《けいもう》に奔走《ほんそう》した。然《しか》るに終戦後《しゅうせんご》、昭和二十六年《しょうわにじゅうろくねん》、山腰氏《やまこしし》は米軍黒人《べいぐんこくじん》のジープに跳《は》ねられて内臓破裂《ないぞうはれつ》の結果《けっか》の肝臓癌《かんぞうがん》で、敗戦《はいせん》の失意《しつい》のうちに悲惨《ひさん》な最後《さいご》を遂《と》げた。

心魂《しんこん》を捧《ささ》げて師事《しじ》した二人《ふたり》の先達《せんだつ》の同《おな》じ様《よう》な悲惨《ひさん》な末路《まつろ》は、筆者《ひっしゃ》に対《たい》する激《はげ》しい警策《きょうさく》であった。何《いず》れも忠誠《ちゅうせい》な日本軍人《にほんぐんじん》であったのだが、この二人《ふたり》の何処《どこ》に誤《あやま》りがあったのかを深刻《しんこく》に反省《はんせい》することが、筆者《ひっしゃ》をして生命《せいめい》の律法言霊《ロゴスげんれい》と、歴史《れきし》すなわち業縁《カルマ》の出発点《しゅっぱってん》を明《あき》らかにし、そしてその後《のち》の因縁《いんねん》の倒錯紛糾《とうさくふんきゅう》を釈《と》いて、人類文明《じんるいぶんめい》を初《はじ》めの一《ひと》つに帰納《きのう》して行《い》く道《みち》の探求《たんきゅう》に導《みちび》いて呉《く》れた。仏陀《ぶつだ》の四囲《しい》に侍《じ》して、その指導《しどう》の下《もと》にこれに仕《つか》えて、それを守護《しゅご》する四菩薩《しぼさつ》、四天王《してんのう》、護世四王《ごせいしおう》が、中心《ちゅうしん》のイ言霊《げんれい》である仏陀《ぶつだ》そのものの本体《ほんたい》を離《はな》れて、彼等《かれら》のみの第二義的《だいにぎてき》な智慧《ちえ》を以《もっ》て世界《せかい》を捏《こ》ねまわして居《い》るのが現代《げんだい》の世界《せかい》である。その現代人《げんだいじん》が、芸術家《げいじゅつか》、哲学者《てつがくしゃ》、宗教家《しゅうきょうか》、政治家《せいじか》、経済人《けいざいじん》のすべてをひっくるめて、自《みずか》ら智慧者《ちえしゃ》と自惚《うぬぼ》れ権威者《けんいしゃ》と思《おも》い上《あ》がって、アオウエ四言霊《しげんれい》だけを如何《いか》ように廻《めぐ》らしても文明《ぶんめい》の解決《かいけつ》は不可能《ふかのう》である。「末《すえ》の世《よ》の麻《あさ》の乱《みだ》れは草薙《くさなぎ》の太刀《たち》よりほかに釈《と》くものぞなし」（古歌《こか》）。

本稿《ほんこう》は未完《みかん》である。これから改《あらた》めて若《わか》い人達《ひとたち》に集《あつ》まって頂《いただ》いて、言霊《げんれい》と医学《いがく》、生理学《せいりがく》、生物学《せいぶつがく》、天文学《てんもんがく》、物理学《ぶつりがく》との関係《かんけい》を次々《つぎつぎ》に詳細《しょうさい》に開顕《かいけん》して行《い》かなければならない。言霊学自体《げんれいがくじたい》としても、これから猶《なお》も仏教《ぶっきょう》、キリスト教《きょう》、儒教《じゅきょう》、回教等《かいきょうなど》を入門《にゅうもん》（プロレゴメナ）として道場《どうじょう》を開《ひら》き、ゼミナールを設《もう》けて修練《しゅうれん》と研究《けんきゅう》を積《つ》んで行《い》かなければならない。筆者《ひっしゃ》は今年七十七才《ことしななじゅうななさい》、一昨年《いっさくねん》の暮《く》れ肺炎《はいえん》に倒《たお》れて、昨年正月《さくねんしょうがつ》まで二《に》ケ月入院《げつにゅういん》治療《ちりょう》を受《う》けた。本稿《ほんこう》の大部分《だいぶぶん》は、病院《びょういん》のベッドの上《うえ》で執筆《しっぴつ》した。大宇宙《だいうちゅう》から生命《せいめい》を授《じゅ》与《よ》され自覚《じかく》した、人間天津日嗣《にんげんあまつひつぎ》の正系《せいけい》の基本《きほん》の原理《げんり》である、言霊布斗麻邇三種《げんれいふとまにさんしゅ》の神器《じんぎ》の法《ほう》を受《う》け継《つ》いで呉《く》れ、世界《せかい》に宣布《せんぷ》して呉《く》れる、純粋鋭敏《じゅんすいえいびん》な「掣電《せいでん》の機《き》」である青年《せいねん》たちの参集《さんしゅう》を期待《きたい》すること切《せつ》である。

子《し》音《いん》の存《そん》在《ざい》箇《か》所《しょ》

三十二個《さんじゅうにこ》の子音《しいん》は、文明《ぶんめい》を創造《そうぞう》する自由無礙《じゆうむげ》な生命意志《せいめいいし》が発現《はつげん》して行《い》く動機《どうき》motive《モーティヴ》である。それが発《はっ》して即座《そくざ》に認識《にんしき》（物象《ぶっしょう》）となり、行動《こうどう》として現《あら》われる生命活動《せいめいかつどう》の端緒《たんしょ》である。現《あら》われて心象《しんしょう》、現象《げんしょう》となり、芸術作品《げいじゅつさくひん》となり、哲学《てつがく》や宗教《しゅうきょう》の命題《めいだい》となり、政治経済《せいじけいざい》の政策《せいさく》の動機《どうき》となる。従《したが》って、三十二子音《さんじゅうにしいん》それ自体《じたい》は、未《いま》だ心《こころ》（思《おも》い）や知性《ちせい》、感情《かんじょう》や行動《こうどう》としての具体的《ぐたいてき》な生命活動《せいめいかつどう》としては現《あら》われて来《こ》ない。子音《しいん》は、人《にん》間《げん》の魂《たましい》の三《みっ》つの要素《ようそ》、「知《ち》、情《じょう》、意《い》」の中《なか》の生命意志《せいめいいし》として存在《そんざい》する。子音《しいん》のみでなく、父韻《ふいん》も母音《ぼいん》もすべて言霊布斗麻邇《げんれいふとまに》は、人間《にんげん》の生命意志《せいめいいし》の律法原理《りっぽうげんり》であって、感性《かんせい》、感情《かんじょう》や知性《ちせい》、すなわち理性《りせい》、悟性《ごせい》より以前《いぜん》のものであり、意志《いし》から感情《かんじょう》や知性《ちせい》が生《う》まれて来《く》るのであって、感情《かんじょう》や知性《ちせい》から意志《いし》が生《う》まれて来《き》たり左右《さゆう》されたりするものではない。

人類《じんるい》は三千年間《さんぜんねんかん》、ただ感情《かんじょう》と知性《ちせい》の面《めん》から、人間《にんげん》の究極《きゅうきょく》の英智《ソフィア》布斗麻邇《ふとまに》、摩尼宝珠《まにほうじゅ》を捕《とら》えようとして、それが意志《いし》としての存在《そんざい》である事《こと》に気付《きづ》かなかった。仏陀《ぶつだ》が言外《げんがい》に教伝《きょうでん》したのも、イエスが黙示《もくし》して呉《く》れた事《こと》も、一向《いっこう》に正体《しょうたい》が掴《つか》まえられぬままに、あれやこれやと知情《ちじょう》の範囲《はんい》で暗中模索《あんちゅうもさく》を続《つづ》け乍《なが》ら三千年《さんぜんねん》を経過《けいか》した。神《かみ》であるその人間《にんげん》の意志《いし》が発現《はつげん》する様態《ようたい》には、一定不変不滅《いっていふへんふめつ》の限局《げんきょく》された法則《ほうそく》が存《そん》する。その法則《ほうそく》は言葉《ことば》（音声《おんせい》）と数《かず》によって表現《ひょうげん》され、その言葉《ことば》（音《おん》）は父韻《ふいん》、母音《ぼいん》、子音《しいん》の五十個《ごじゅっこ》の単音《たんおん》である。その単音《たんおん》が、例《たと》えば物質元素《ぶっしつげんそ》の化合物《かごうぶつ》の様《よう》に、更《さら》に複雑《ふくざつ》に組《く》み合《あわ》されて、種々《しゅじゅ》な言語《げんご》、国語《こくご》、language《ラングウイツジ》となる。生命意志活動《せいめいいしかつどう》の全体《ぜんたい》である、父韻《ふいん》、母音《ぼいん》、親音《しんいん》、子音《しいん》の総称《そうしょう》を言霊《ことたま》と云《い》う。言葉《こと》にして、同時《どうじ》に霊《たま》（魂《たま》）である。知情意《ちじょうい》の魂《たま》のうちの、特《とく》に意《い》である。

日本《にほん》の武道《ぶどう》や音楽《おんがく》の世界《せかい》に「気合《きあい》」とか「掛《か》け声《ごえ》」と云《い》うものがある。これが言霊《げんれい》を理解《りかい》する上《うえ》の参考《さんこう》になるかも知《し》れない。気合《きあい》、掛《か》け声《ごえ》は、それ自体《じたい》だけでは意味《いみ》を持《も》たない。それはまだ、武技《ぶぎ》にも、メロディーにも、リズムにもならぬが、武技《ぶぎ》やメロディーに先行《せんこう》して、それを導《みちび》き出《だ》して呉《く》れる。多《おお》くは、複合音《ふくごうおん》ではなく単音《たんおん》である。夫々《それぞれ》断片的《だんぺんてき》であって、全体《ぜんたい》としての原理《げんり》や体系《たいけい》がまとまったものではないが、その気合《きあい》、掛《か》け声《ごえ》を合理的《ごうりてき》にまとめることが出来《でき》たら、五十音言霊《ごじゅうおんげんれい》に似《に》たものになるかも知《し》れない。但《ただ》し言霊《げんれい》を、従来《じゅうらい》の宗教《しゅうきょう》の教義《ドグマ》や呪文《じゅもん》のようなものと考《かんが》えて、アイウエオ五十音《ごじゅうおん》を、呪文《じゅもん》（真言《しんごん》）や、唱名《しょうみょう》や、題目《だいもく》のように誦唱《じゅしょう》したり、宗教儀式《しゅうきょうぎしき》の真似《まね》をして唱《とな》えながら踊《おど》って見《み》せたりしても、何《なん》の意味《いみ》もない。言霊《げんれい》は芸術《げいじゅつ》、宗教《しゅうきょう》、哲学以前《てつがくいぜん》のものである。

言霊《げんれい》は心象現象以前《しんしょうげんしょういぜん》に於《お》ける意志《いし》の範囲《はんい》に属《ぞく》して、その意志活動《いしかつどう》の一番外側《いちばんそとがわ》の輪郭《りんかく》、境界《きょうかい》として、並列《へいれつ》して垣根《かきね》henge《ヘンジ》を作《な》して居《い》るのが子音《しいん》である。子音《しいん》を外側《そとがわ》の結界《けっかい》（七五三縄《しめなわ》）として、その中《なか》に父韻《ふいん》、母音《ぼいん》（半母音《はんぼいん》）を内蔵《ないぞう》する世界《ラウム》の形《かたち》で、生命《せいめい》の内奥《ないおう》の本体《ほんたい》、実体《じったい》が構成《こうせい》されて居《い》る。この本体界《ほんたいかい》、実体界《じったいかい》を高天原《たかあまはら》、天国《てんごく》、仏国土《ぶっこくど》と云《い》う。

「喜怒哀楽《きどあいらく》の未《いま》だ発《はっ》せざる、これを中《ちゅう》と謂《い》う。発《はっ》して皆《みな》節《せつ》に中《あた》る。これを和《か》と謂《い》う。」（中庸《ちゅうよう》）とあるが、この未発《みはつ》の「中《ちゅう》」の内容《ないよう》として、生命意志《せいめいいし》が整然《せいぜん》と組《く》み込《こ》まれて居《い》る。その内容《ないよう》が発《はっ》して、節《せつ》に中《あた》れば和《か》であり、節《せつ》に中《あた》らざれば乱《らん》である。如《にょ》意《い》（摩尼《まに》）宝珠《ほうじゅ》である言霊《げんれい》は、感情《かんじょう》や知性《ちせい》ではない、感情《かんじょう》や知性《ちせい》が発《はっ》する以前《いぜん》に、既《すで》に存在《そんざい》し内在《ないざい》する生命意志《せいめいいし》であり、その律法《おきて》（法則《ほうそく》、掟《おきて》）である。この意志《いし》の法《ほう》則《そく》は、人類《じんるい》がその生物学的《せいぶつがくてき》「種《スピーシー》」を保《たも》って居《い》る限《かぎ》り、永劫不変恒常《えいごうふへんこうじょう》である。「天地《てんち》の過《す》ぎ往《ゆ》かぬうちに、律法《おきて》の一点《いってん》、一画《いっかく》も廢《すた》ることなく、ことごとく全《まった》うせらるべし。」（新約《しんやく》マタイ伝第五章《でんだいごしょう》）と説《と》かれた、神即言葉《かみそくことば》、神即生命《かみそくせいめい》、神即光明《かみそくこうみょう》（慧智《けいち》）、神《かみ》即生命意志《そくせいめいいし》の原理《げんり》である。今日《こんにち》までの西洋哲学《せいようてつがく》で、意志《いし》を取扱《とりあつか》ったものは少《すく》ない。僅《わず》かにニーチェやベルクソンが、その外郭《がいかく》に触《ふ》れようとして居《い》る。意志《いし》の本体《ほんたい》を把握《はあく》する方法《ほうほう》を持《も》たぬから、理論化《りろんか》が出来《でき》ない。亡《な》くなったハイデッガーは、実存《エグジステンス》は言葉《ことば》であると説《と》いた。だが、彼《かれ》が云《い》う言葉《ことば》と、仏教典《ぶっきょうてん》や聖書《せいしょ》に示《しめ》された言葉《ロゴス》や摩尼《まに》（言辞《ごんじ》）との関連《かんれん》を明《あき》らかになし得《え》なかった。

魂《たましい》の変態《へんたい》（メタモルフォーゼ）

言霊《げんれい》である父韻《ふいん》、母音《ぼいん》、子音《しいん》が存在《そんざい》し、創造活動《そうぞうかつどう》を続《つづ》けて居《い》る生命意志《せいめいいし》の自由無礙《じゆうむげ》な領域《りよういき》の扉《とびら》は如何《いか》にしたら開《ひら》かれるか。それは自《みずか》ら刻苦工夫《こっくくふう》して開《ひら》くより他《ほか》はないのであるが、そのためのサジェッションは与《あた》えられる。嘗《かつ》て説《と》いた所《ところ》だが、重《かさ》ねて禅《ぜん》の公《こう》案《あん》を借《か》りて紹介《しようかい》する。

「世界恁麼《せかいいんも》に広闊《こうかつ》たり。甚《なん》に因《よ》って鐘声裏《しようせいり》に向《む》かって七条《しちじよう》を披《き》る」（無門関《むもんかん》 第十六《だいじゆうろく》則《そく》）。世界《せかい》は斯《こ》んなに広大無辺《こうだいむへん》である。「清風匝地《せいふうそうじ》 何《なん》の極《きわまり》か有《あ》らん。」（碧巌録《へきがんろく》第一則《だいいっそく》）である。人間《にんげん》は元来《がんらい》、何《なに》をやってもよいのであり、何《なに》をやらなければならぬと云《い》うこともない。それなのに何故《なぜ》、君達《きみたち》は鐘《かね》の音《ね》を聞《き》くと七条《しちじよう》の袈裟《けさ》をまとって本《ほん》堂《どう》へ出《で》かけて経《きよう》を読《よ》むのか。朝七時《あさしちじ》、目覚《めざ》まし時計《どけい》が鳴《な》ると、あたふたと背広《せびろ》に着換《きが》え、混《こ》む電車《でんしゃ》の吊革《つりかわ》にぶら下《さ》がって会社《かいしゃ》へ行《い》くのは、それは何《なに》に因《よ》っての事《こと》か。創造《そうぞう》する生命《せいめい》の自由無礙《じゆうむげ》な意志活動《いしかつどう》は、此《こ》の公案《こうあん》の答《こた》えの中《なか》に存《そん》する。この公案《こうあん》の言霊摩尼《げんれいまに》的意義《てきいぎ》は、自由自主《じゆうじしゅ》の人間意志《にんげんいし》イが、その他《た》の実在《じつざい》エアオウの感情《かんじょう》や知識《ちしき》に制約拘束《せいやくこうそく》されて、自由《じゆう》を失《うしな》うことを戒《いまし》めたものである。

この無礙世界《むげせかい》に於《お》ける自由自主《じゆうじしゅ》の意志活動《いしかつどう》の法則《ほうそく》が、五十個《ごじゅっこ》の言霊《げんれい》である。法華経《ほけきょう》に「言辞《ごんじ》の相隠没《そうおんもつ》」と説《と》かれて以来《いらい》、言霊摩尼宝珠《げんれいまにほうじゅ》、如意宝珠《にょいほうじゅ》は、人間《にんげん》に捉《とら》え難《がた》いものとなった。天《てん》にいます父《ちち》の名《な》を「主《しゅ》の祈《いの》り」（信仰《しんこう》）の対象《たいしょう》にしたから、却《かえ》ってその名《な》が判《わか》らなくなった。言霊《げんれい》が理解《りかい》し難《がた》い所以《ゆえん》は、これを心《こころ》（ア、エ、オ）として、或《ある》いは物象《ぶっしょう》、音波《おんぱ》（ウ）として、すなわち所謂《いわゆる》、音韻学《おんいんがく》として捉《とら》えようとするからであって、その心《こころ》と物《もの》の両頭《りょうとう》、陰陽相対《いんようそうたい》の、もう一《ひと》つ先《さき》に、生命意志《せいめいいし》の根拠《こんきょ》、発露《はつろ》の淵源《えんげん》として高天原《たかあまはら》、天国《てんごく》、仏国土《ぶっこくど》が存在《そんざい》する。

母音《ぼいん》で云《い》うなら、五段階《ごだんかい》の五重塔《ごじゅうのとう》の最上階《さいじょうかい》のイの段階《だんかい》に、言霊布斗麻邇《げんれいふとまに》がある。其《そ》処《こ》に到達《とうたつ》するには、ウオアエと五重塔《ごじゅうのとう》を、下《した》から順々《じゅんじゅん》に懸命《けんめい》に登《のぼ》って行《い》かなければならない。キリスト教《きょう》の禅《ぜん》であるクエーカーの行《ぎょう》では、自己反省《じこはんせい》によって心《こころ》の奥底《おくそこ》に向《む》かって centering down《センタリングダウン》すると云《い》うが、その降《くだ》り切《き》った地《ち》の世界《せかい》、すなわち地獄《じごく》の中心《ちゅうしん》に言霊《げんれい》の世界《せかい》が展開《てんかい》して居《い》る。「いづれの行《ぎょう》もおよびがたき身《み》なれば、とても地獄《じごく》は一定《いちぢやう》すみかぞかし。」（歎異抄《たんにしよう》第二条《だいにじよう》）と、そのどん底《ぞこ》の境涯《きょうがい》に安住《あんじゅう》の地《ち》を見《み》つけた者《もの》が親鸞《しんらん》であった。その言霊《げんれい》イの世界《せかい》は、心《こころ》や物《もの》であるウオアエ四智《しち》の世界《せかい》とは截然《せつぜん》と区別《くべつ》されて居《い》る純粋《じゅんすい》な清浄《せいじょう》な生命意志《せいめいいし》の世界《せかい》である。その意志《いし》の世界《せかい》には、意識《いしき》（心《こころ》）を以《もっ》て意識《いしき》を解《と》こうとするフロイトやユングの心理学《しんりがく》では到達《とうたつ》し得《え》ない。

ウオアエイ（空水風火地《くうすいふうかち》・土水火金木《どすいかごんもく》）の五段《ごだん》を五《いつ》つの次元《じげん》と説《と》いて来《き》たが、次元《じげん》と云《い》う語《ご》はＳＦ《エスエフ》などで乱用《らんよう》されて居《い》るので、そのために本来《ほんらい》の形而上《けいじじょう》の意義《いぎ》が理解《りかい》されなくなっている。次元《じげん》と云《い》うことを、単《たん》なる知識《ちしき》の上《うえ》だけで知《し》っても意味《いみ》をなさぬ。そのためには「行《ぎょう》」を必要《ひつよう》とする。次元《じげん》の向上成育《こうじょうせいいく》は、昆虫《こんちゅう》の羽化変態《うかへんたい》に似《に》ている。木《き》の枝《えだ》で葉《は》を食《く》って居《い》た幼虫青虫《ようちゅうあおむし》が蛹《さなぎ》の殼《から》を脱《ぬ》ぐと、美《うつく》しい翅《はね》が生《は》えた成虫《せいちゅう》になって花《はな》の蜜《みつ》だけを食物《しょくもつ》とするようになる。古《ふる》い魂《たましい》の衣《ころも》を脱《ぬ》ぐと、その下《した》から生《い》き生《い》きとした新《あたら》しい自分《じぶん》が生《う》まれて来《く》る。

五行《ごぎょう》の境涯《きょうがい》が次々《つぎつぎ》に変化《へんか》向上《こうじょう》するに連《つ》れて、生活全般《せいかつぜんぱん》に変化《へんか》が起《お》こる。食物《しょくもつ》も変《か》わる、読《よ》む書物《しょもつ》も変《か》わる。事物《じぶつ》に対《たい》する判断《はんだん》、理解力《りかいりょく》、価値観《かちかん》が変《か》わる。交際《こうさい》の範囲《はんい》も、住《す》む環境《かんきょう》も、社会生活全般《しゃかいせいかつぜんぱん》が変《か》わる。五行《ごぎょう》の段階《だんかい》は、人間《にんげん》の魂《たましい》の「変態《へんたい》」metamorphosis《メタモルフォーシス》の過程《かてい》である。魂《たましい》と生活《せいかつ》にmetamorphosis《メタモルフォーシス》が起《お》こらなければ、ウオアエイが向上《こうじょう》して行《い》ったことにはならない。その向上《こうじょう》は、人間自己存在《にんげんじこそんざい》のpotential《ポテンシャル》（位《い》相《そう》）の向上変化《こうじょうへんか》と考《かんが》えてよい。人間《にんげん》は一生《いっしょう》の間《あいだ》に、ウからオ、オからア、アからエ、エからイと、四度《よんど》の変態《へんたい》を経《へ》て、初《はじ》めて成熟《せいじゅく》した人間《にんげん》、すなわち成道《じょうどう》の仏陀《ぶっだ》となるのである。何時《いつ》まで経《た》っても、ウの境涯《きょうがい》から脱皮《だっぴ》し得《え》ぬ人間《にんげん》を「一切《いっさい》の糞塊上《ふんかいじょう》に向《む》って乱咬《らんこう》する底《そこ》の衆人《しゅうじん》」（蛆虫《うじむし》、ウ字虫《じむし》）と云《い》う。

五《ご》重《じゅう》塔《のとう》

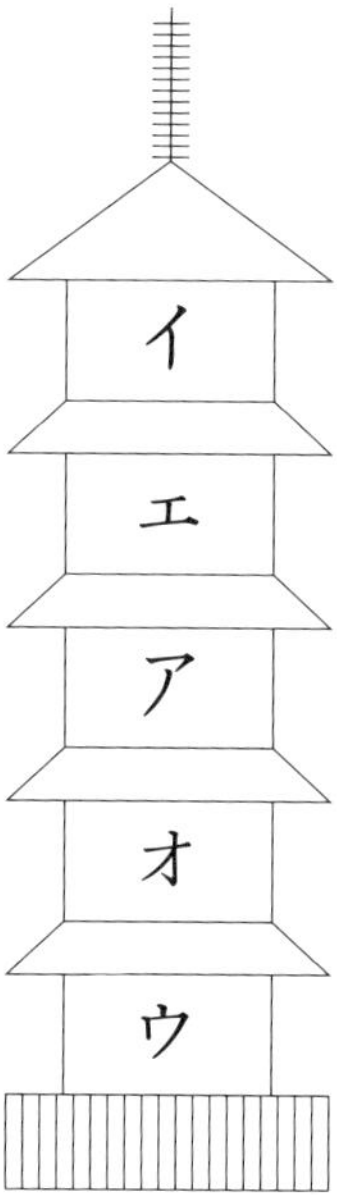

図表-10｜**五重塔**

シャーマニズム

昭和八年《しょうわはちねん》から九年《きゅうねん》にかけて、筆者《ひっしゃ》が三十一《さんじゅういち》、二才《にさい》の頃《ころ》、生駒山《いこまやま》の道場《どうじょう》に居《い》た大本教《おおもときょう》の行者《ぎょうじゃ》、西原敬昌氏《にしはらけいしょうし》の下《もと》でテレパシー、鎮魂《ちんこん》の修業《しゅぎょう》をして居《い》た。魂《たましい》のレーダーを廻転《かいてん》させると、遠隔《えんかく》に居《い》る人《ひと》の心境《しんきょう》や行動《こうどう》がよく見《み》えた。突然訪《とつぜんたず》ねて来《く》る未知《みち》の人《ひと》の顔付《かおつ》きや服装《ふくそう》までが事前《じぜん》に判《わか》った。議論《ぎろん》を戦《たたか》わして居《い》る人《ひと》の話《はなし》を傍《そば》で聞《き》いて居《い》た。その時《とき》、両者《りょうしゃ》の間《あいだ》に粟粒《あわつぶ》のような小《ちい》さな光《ひかり》の玉《たま》が、盛《さか》んに飛《と》び交《か》う様《さま》が見《み》られた。この光《ひかり》の玉《たま》が霊魂《れいこん》の正体《しょうたい》であると、その頃《ころ》は思《おも》って居《い》た。その頃《ころ》はまだ言霊学《げんれいがく》は学《まな》んで居《い》なかったが、第六感《だいろっかん》の霊眼《れいがん》を以《もっ》てすると霊魂《れいこん》の動《うご》きが光《ひかり》の玉《たま》に見《み》える。物理学《ぶつりがく》で云《い》うような光《ひかり》（放射線《ほうしゃせん》）の粒子《りゅうし》である。言霊《げんれい》とは光《ひかり》の粒子《りゅうし》である事《こと》が、その後《のち》、段々《だんだん》に判《わか》って来《き》た。

鎮魂《ちんこん》した視霊者《しれいしゃ》の主観《しゅかん》のままの未整理状態《みせいりじょうたい》が、所謂霊感《いわゆるれいかん》、テレパシーである。主観《しゅかん》だけが分離《ぶんり》して遊歩《ゆうほ》する状態《じょうたい》である。主観《しゅかん》であるから、真実《しんじつ》である場合《ばあい》とアブノーマルな場合《ばあい》とがあるが、斯《こ》う云《い》う状態《じょうたい》をひっくるめてシャーマニズムと云《い》う。これは主《おも》に女性《じょせい》すなわち巫女《みこ》（シャーマン）の業《ぎょう》である。古代日本《こだいにほん》の神道《しんとう》は、このシャーマニズムが基礎《きそ》であった。だがシャーマニズムだけが神道《しんとう》であったわけではない。現在《げんざい》の日本《にほん》では、北《きた》は恐山《おそれざん》の「イタコ」から南《みなみ》は琉球《りゅうきゅう》の「ユタ」に到《いた》るまで、更《さら》には町《まち》の宗教《しゅうきょう》の色々《いろいろ》な霊覚《れいかく》、霊言《れいげん》、霊示者《れいじしゃ》に及《およ》ぶまで何《いず》れもシャーマニズムであるが、それは主観《しゅかん》の分《ぶん》離遊行《りゆぎょう》であるから、その真偽正否《しんぎせいひ》はその儘《まま》では信用《しんよう》するわけには行《い》かない。然《しか》し従前《じゅうぜん》の我《われ》から離《はな》れて主観《しゅかん》が彷徨遊行《ほうこうゆぎょう》するから、単純《たんじゅん》にこれを神《かみ》であり神業《かみわざ》であると自《みずか》ら思《おも》い込《こ》む。また第三者《だいさんしゃ》も、此《こ》の奇現象《きげんしょう》を神業《かみわざ》と信《しん》じて、宗教《しゅうきょう》の集団《しゅうだん》が出来上《できあ》がる。

北欧《ほくおう》に於《お》いて、この遊離《ゆうり》した主観認識《しゅかんにんしき》に基《もと》づいて聖書《せいしょ》を解《と》こうとしたものが、スウェーデンボルグ、ストリンドベルヒのオカルティシズムである。純粋《じゅんすい》なものであったから、基督教《キリストきょう》から正統《せいとう》な一派《いっぱ》として認《みと》められて居《い》る。今日《こんにち》では、その主観《しゅかん》の幻影《げんえい》が歪曲《わいきょく》されて奇怪《きかい》な影像《えいぞう》となったものを、オカルティシズムと云《い》うようになった。宗教《しゅうきょう》の堕落《だらく》であり、地獄《じごく》の芸術《げいじゅつ》である。

上古《じょうこ》の日本《にほん》で典型的《てんけいてき》なシャーマン（巫女《みこ》）は、神功皇后《じんぐうこうごう》であった。然《しか》し皇后《こうごう》は、単《たん》なる主観的《しゅかんてき》なシャーマン（神憑者《かむがかりしゃ》）ではなかった。「日向国《ひむかのくに》の橘小門《たちばなのをど》の水底《みなそこ》に所居《い》て、水葉《みなは》も稚《わかやか》に出で居《い》る神《かみ》」（日本書紀《にほんしょき》）。これは皇后《こうごう》の神憑《かみがか》りの言葉《ことば》であって、そのまま神道《しんとう》の極意《ごくい》である言霊《げんれい》の奥義《おうぎ》である。主観《しゅかん》を越《こ》えて、ウオアエイの五《いつ》つの次元《じげん》を昇《のぼ》り詰《つ》めて、最高《さいこう》の高天原《たかあまはら》の原理《げんり》を述《の》べて居《い》る。日本《にほん》の稗史《はいし》が伝《つた》える所《ところ》によると、仲哀天皇《ちゅうあいてんのう》の崩御《ほうぎょ》の後《あと》、皇后《こうごう》は応神天皇《おうじんてんのう》を懐妊《かいにん》されたまま即位《そくい》された。姫天皇《ひめてんのう》（女帝《にょてい》）である。天皇《てんのう》は日《ひ》の御子《みこ》であって、卑弥乎《ひみこ》と云《い》う言葉《ことば》は、日御子《ひみこ》の音訳《おんやく》と考《かんが》えられる。神功天皇《じんぐうてんのう》は大和《やまと》にも居《い》られたが、三韓《さんかん》の役《えき》の時《とき》は九州《きゅうしゅう》に都《みやこ》を遷《うつ》された。神功天皇《じんぐうてんのう》は巫女《みこ》ではあったが、「是《こ》の日《ひ》に、皇后《こうごう》、如意珠《にょいのたま》（宝珠《ほうじゅ》）を海中《わたなか》に得《え》たまふ。」（日本書紀《にほんしょき》）とあるからには、主観的《しゅかんてき》な神憑《かみがか》りを遥《はる》かに超《こ》えた天皇《すめらみこと》、即《すなわ》ち言霊《げんれい》の統御者《とうぎょしゃ》であられた。娑竭羅龍王《シャカラりゅうおう》（提婆達多品《だいばだつたほん》）の娘《むすめ》、八歳《はっさい》の龍女《りゅうじょ》に比《ひ》せられて居《い》る。

最後《さいご》に近代《きんだい》に於《お》ける日本《にほん》のシャーマニズムの代表《だいひょう》であった、天理教《てんりきょう》と大本教《おおもときょう》に就《つ》いて一《いち》言《ごん》しよう。天理教祖《てんりきょうそ》みきさんは、石上神宮《いそのかみじんぐう》に伝承《でんしょう》されて来《き》た世界《せかい》の将来《しょうらい》に関《かん》する予言《よげん》と、神道原理《しんとうげんり》の一端《いったん》を神宮《じんぐう》の禰宜《ねぎ》から教《おし》えられ、これを基本《きほん》として神憑《かみがか》りの形式《けいしき》でお筆《ふで》先《さき》や神楽歌《かぐらうた》にして布衍《ふえん》して行《い》った。おみきさんの弟子《でし》であった出口直《でぐちなお》さんは、それを受《う》け継《つ》ぐと同時《どうじ》に、丹波《たんば》の元伊勢神宮《もといせじんぐう》の伝承《でんしょう》を、同《おな》じくシャーマニズムの形式《けいしき》で拡《ひろ》めて行《い》ったと考《かんが》えられる。其処《そこ》へ出口王仁三郎《でぐちおにさぶろう》と云《い》う人物《じんぶつ》が現《あら》われて、直《なお》さんの神憑《かみがか》りを更《さら》に受《う》け継《つ》いで、自由奔放《じゆうほんぽう》な彼自身《かれじしん》の主観的《しゅかんてき》シャーマニズムによって拡大宣伝《かくだいせんでん》して行《い》って宗教団体《しゅうきょうだんたい》としての大本教《おおもときょう》を樹《た》てた。天理大本両教《てんりおおもとりょうきょう》とも、元来《がんらい》が主観的《しゅかんてき》なシャーマニズムであるから、普通《ふつう》の常識《じょうしき》や一般《いっぱん》の学問《がくもん》からは、その真偽当否《しんぎとうひ》の識別《しきべつ》は不可能《ふかのう》である。王《お》仁三郎《にさぶろう》は、シャーマン特有《とくゆう》の潜在意識操縦《せんざいいしきそうじゅう》の魔力《まりょく》を強力《きょうりょく》に持《も》って居《い》たから、今日《こんにち》の日本《にほん》の民間宗教《みんかんしゅうきょう》の大部分《だいぶぶん》は、その亜流《ありゅう》でありイミテーションである。彼《かれ》は言霊《げんれい》の存在《そんざい》に就《つ》いては知《し》っていたけれど、これを釈《と》くことを得《え》なかった。未《いま》だその域《いき》に達《たっ》せず、その任《にん》でなかったからであった。哲学的《てつがくてき》にも歴史的《れきしてき》にも心理学的《しんりがくてき》にもプリミティブな幼稚《ようち》な主観《しゅかん》の分離逸脱《ぶんりいつだつ》である。シャーマニズムの解説《かいせつ》は、これ位《くらい》で止《と》めて置《お》く。但《ただ》しその分離逸脱《ぶんりいつだつ》は、単《たん》に宗教芸術《しゅうきょうげいじゅつ》の世界《せかい》のみでなく、普《あまね》く学問《がくもん》、政治経済《せいじけいざい》の文明《ぶんめい》の全域《ぜんいき》に於《お》いて、此《こ》の主観《しゅかん》の遊離暴走《ゆうりぼうそう》が随時随所《ずいじずいしょ》に行《おこな》われていて、その相互《そうご》の矛盾衝突《むじゅんしょうとつ》が劫末《ごうまつ》の世界《せかい》の地獄《じごく》相《そう》を現出《げんしゅつ》して居《い》る。

血《ち》の洗《せん》礼《れい》

人間《にんげん》に於《お》いて、遊離《ゆうり》した主観《しゅかん》と、その強調《きょうちょう》だけが、人間《にんげん》を指導《しどう》する原理方法《げんりほうほう》の全部《ぜんぶ》ではない。前編《ぜんぺん》で述《の》べた如《ごと》く、人間《にんげん》には主観《しゅかん》と同時《どうじ》に、もう一《ひと》つの認識《にんしき》である客観《きゃっかん》があって、この二《ふた》つがぴたりと一致《いっち》した境域《きょういき》に事物《じぶつ》の実相《じっそう》の正確《せいかく》な認識《にんしき》があり、鏡《かがみ》とレンズで云《い》うならば、左右《さゆう》の脳髄《のうずい》に認識《にんしき》される虚像《きょぞう》と実像《じつぞう》の二《ふた》つが一致《いっち》した所《ところ》に、real《リアル》reality《リアリティ》, pure experience《ピュア エクスペリエンス》の世界《せかい》がある。この世界《せかい》の実相《じっそう》を把握《はあく》することが、今日《こんにち》までの芸術《げいじゅつ》、宗教《しゅうきょう》、哲学《てつがく》の使命《しめい》であった。虚像《きょぞう》と実像《じつぞう》が一致《いっち》した境域《きょういき》を、寂光《じゃっこう》の浄土《じょうど》と云《い》う。浄土《じょうど》は、西方十万億土《さいほうじゅうまんおくど》の彼方《かなた》にあるわけではない。この娑婆世界《しゃばせかい》に存在《そんざい》して居《い》る。釈《しゃ》迦《か》は実在実相《じつざいじっそう》の世界《せかい》を教《おし》えるために、芸術的《げいじゅつてき》な象徴《しょうちょう》を用《もち》いて阿弥陀経《あみだきょう》を説《と》いた。寂光《じゃっこう》の世界《せかい》では、従来《じゅうらい》の単純《たんじゅん》な感覚《かんかく》で見《み》るよりも、事物《じぶつ》が明瞭《めいりょう》に識別《しきべつ》される。それは愛《あい》と美《び》と荘厳《しょうごん》の世界《せかい》である。赤《あか》い芥子《けし》の花《はな》と見《み》たのは赤《あか》い光《ひかり》であり、緑色《みどりいろ》の樹《き》の葉《は》と見《み》たものは実《じつ》は緑《みどり》の光《ひかり》である。「青色青光《しょうしきしょうこう》、黄色黄光《おうしきおうこう》、赤色赤光《しゃくしきしゃっこう》、白色白光《びゃくしきびゃっこう》」（阿弥《あみ》陀経《だきょう》）と説《と》かれて居《い》る。「あらたふと青葉若葉《あおばわかば》の日《ひ》の光《ひかり》」（芭蕉《ばしょう》）「陰森《いんしん》たる夏木《かぼく》杜鵬《ホトトギス》啼《な》き、日浮雲《にちふうん》を破《やぶ》って宇宙清《うちゅうきよ》し」（張無盡《ちょうむじん》）。この光《ひかり》が寂光《じゃっこう》である。

人間《にんげん》の生命《せいめい》の生長《せいちょう》は、ウオアエイの五段階《ごだんかい》のメタモルフォーゼの全部《ぜんぶ》を、完全《かんぜん》に経過《けいか》し得《え》て、初《はじ》めて昆虫《こんちゅう》の様《よう》に羽化登仙《うかとうせん》の域《いき》に達《たつ》する。この変態《へんたい》の過程《かてい》の一《ひと》つを、キリスト教《きょう》では洗礼《せんれい》（バプテスマ）と云《い》い、仏教《ぶっきょう》では得度《とくど》（灌頂《かんじょう》）と云《い》う。聖書《せいしょ》にはバプテスマのヨハネの水《みず》の洗礼《せんれい》と、イエス自身《じしん》による火《ひ》の洗礼《せんれい》の二《ふた》つを説《と》いて居《い》る。仏教《ぶっきょう》の灌頂《かんじょう》は、キリスト教《きょう》と同《おな》じく水《みず》を以《もっ》てする洗礼《せんれい》である。この水《みず》と火《ひ》の洗礼《せんれい》によって、人間《にんげん》はウオアエの段階《だんかい》を向上昇華《こうじょうしょうか》して行《い》くが、この水《みず》と火《ひ》のほかに、仏教《ぶっきょう》でも基督教《キリストきょう》でも今《いま》まで説《と》かれなかった、もう一《ひと》つの洗礼《せんれい》がある。それは、最後《さいご》の血《ち》の洗礼《せんれい》である。救世主《キリスト》の血《ち》を以《もっ》てする洗礼《せんれい》である。基督教会《キリストきょうかい》で、キリストの肉《にく》としてのパンと共《とも》に、キリストの血《ち》として、赤葡萄酒《あかブドウしゅ》を飲《の》む儀式《ぎしき》が行《おこな》われる。パンはキリストの肉体《にくたい》であり、その言霊的実体《げんれいてきじつたい》は、ウオアエの四母音《しぼいん》である。赤《あか》いワインに象徴《しょうちょう》されるキリストの血《ち》は、その道《ち》であり、道《みち》は五大《ごだい》の地《ち》であり、五行《ごぎょう》の土《ど》であり、言霊《げんれい》イである。イは救世主《きゅうせいしゅ》が把持操作《はじそうさ》する八父韻《はちふいん》であり、父韻母音展開《ふいんぼいんてんかい》の道《みち》（ロゴス）である。水《みず》と火《ひ》と血《ち》の三態《さんたい》、五段階《ごだんかい》の変態《へんたい》、洗礼《せんれい》を経《へ》て、人間《にんげん》も蝶《ちょう》の様《よう》に蜻蛉《とんぼ》の様《よう》に「空《くう》」中《ちゅう》を自由無礙《じゆうむげ》に飛翔《ひしょう》する。その自由無礙《じゆうむげ》に飛翔《ひしょう》する軌跡《きせき》が、すなわちロゴス（道《みち》、律法《おきて》）である。

ロゴスの循《じゅん》環《かん》

創造《そうぞう》する生命意志《せいめいいし》の粒子《りゅうし》、単元《たんげん》とも云《い》うべき子音《しいん》が演繹《えんえき》の出発点《しゅっぱつてん》であり、精神《せいしん》の発祥点《はっしょうてん》である高御産巣日《たかみむすび》（大脳《だいのう》の左脳《さのう》）から、認識《にんしき》の到達点《とうたつてん》であり現象《げんしょう》を把握綜合《はあくそうごう》する帰結《きけつ》である神産巣日《かみむすび》（大脳《だいのう》の右脳《うのう》）に向《む》かって、如何《いか》に運行《うんこう》し循環《じゅんかん》して行《い》くか、循環《じゅんかん》しサークルを造《つく》って、その輪《わ》の内側《うちがわ》に精神界《せいしんかい》の最高最奥《さいこうさいおう》の部面《ぶめん》である高天原法界《たかあまはらほっかい》を如何《いか》に形成《けいせい》し結界《けっかい》して行《い》くか、その過程《かてい》を生理学的《せいりがくてき》、認識論的《にんしきろんてき》、心理学的《しんりがくてき》、物理学的《ぶつりがくてき》に綜合自覚《そうごうじかく》した所《ところ》を、呪文《じゅもん》を以《も》て「指月《しげつ》の指《ゆび》」として暗示《あんじ》してあるのが、古事記《こじき》百神《ひゃくしん》の中《なか》の岐美二神《きみにしん》の御子《みこ》産《う》みの段《だん》の大事忍男神《おほごとおしをのかみ》以下《いか》、三十二神名《さんじゅうにしんめい》の配列順序《はいれつじゅんじょ》である。

すなわちそれは「タトヨツテヤユヱ《ゑ》ケメ　クムスルソセホヘ　フモハヌラサロレノネカマナコ」の子音発生《しいんはっせい》の系列《けいれつ》である。繰返《くりかえ》して述《の》べるが、天《あめ》の真奈井《まない》は頭脳《ずのう》の中枢《ちゅうすう》である。

そこからマナ（真奈《まな》、真名《まな》、麻邇《まに》、摩尼《まに》）である生命意志《せいめいいし》が迸《ほとばし》り出《で》て来《く》る。そのマナは、宇宙法界《うちゅうほっかい》を一巡《いちじゅん》して、再《ふたた》び元《もと》の天《あめ》の真奈井《まない》に還《かえ》って来《き》て、その間《かん》の経過《けいか》、順序《じゅんじょ》、作用《さよう》が報告《かえりごと》され、自覚《じかく》され、自証《じしょう》される。マナが出発《しゅっぱつ》する極《きょく》が高御産巣日《たかみむすび》（陽儀《ようぎ》）であり、帰着《きちゃく》する極《きょく》が神産巣日《かみむすび》（陰儀《いんぎ》）である。「タトヨツテヤユヱケメ」（十音《じゅうおん》）は、真奈井《まない》から発《はっ》した生命意志《せいめいいし》が、口唇《こうしん》まで降《ふ》って来《き》ての音波《おんぱ》となる迄《まで》の無音《むおん》の繰返《くりかえ》しである。「クムスルソセホヘ」（八音《はちおん》）は、口唇《こうしん》から発《はっ》せられた未鳴《みめい》の音波《おんぱ》、霊波《れいは》の粒子《りゅうし》、電磁波《でんじは》が空中《くうちゅう》を飛翔《ひしょう》する貌《かたち》である。宇宙空間《うちゅうくうかん》も、地球大気圏内《ちきゅうたいきけんない》も、共《とも》に生命《せいめい》が流動《りゅうどう》して居《い》る圏内《けんない》である。天体《てんたい》から来《く》る電波《でんぱ》、放送局《ほうそうきょく》、無線局《むせんきょく》からの電波《でんぱ》、人間《にんげん》各自《かくじ》の霊波《れいは》、思念波《しねんは》が、無限《むげん》に交錯《こうさく》して居《い》る。ただ、受信機能《じゅしんきのう》がなければ受信《じゅしん》できないだけである。「フモハヌラサロレノネカマナコ」（十四音《じゅうよんおん》）は、無音《むおん》の音波《おんぱ》が、耳《みみ》と云《い》う器官《きかん》に聞《き》き取《と》られて、中耳内耳《ちゅうじないじ》を経《へ》て、ネ（音《ね》）として、ナ（名《な》）として、頭《ず》脳《のう》に改《あらた》めて自覚自証《じかくじしょう》される経過《けいか》である。無音《むおん》の音波《おんぱ》、霊波《れいは》を自覚認識《じかくにんしき》するものは、自《じ》であると同時《どうじ》に他《た》である。三十二子音《さんじゅうにしいん》の本質《ほんしつ》は、音《おん》と称《しょう》しても、まだ現象《げんしょう》としての音《おん》ではない。音《おん》（言葉《ことば》）が構成《こうせい》される以前《いぜん》に於《お》ける、生命意志《せいめいいし》の霊波《れいは》の活動《かつどう》の各相《かくそう》phase《フェイズ》に名付《なづ》けられた、未《いま》だ鳴《な》らざる名《な》である。子音《しいん》ばかりでなく、言霊五十音《げんれいごじゅうおん》は、すべて此《こ》の未鳴《まな》である。未鳴《まな》が、仏教《ぶっきょう》の摩尼《まに》（如意《にょい》）宝珠《ほうじゅ》である。

言霊《げんれい》は元来《がんらい》、音《おん》ではなく、現象《げんしょう》でもない。倶胝《ぐてい》の「竪指《じゅし》」を看破《かんぱ》し、白隠《はくいん》の「隻《せき》手《しゅ》の声《こえ》」を聞《き》き得《え》た時《とき》、言霊《げんれい》に近《ちか》い。茶道《さどう》と云《い》うものは、道具立《どうぐだ》てだの、立《た》ち居振《いふる》舞《ま》いだの、何《なん》だ彼《か》んだと煩《うる》さいが、禅《ぜん》では簡単《かんたん》に云《い》ってのけて居《い》る。曰《いわ》く「喫茶去《きっさこ》」。これが茶道《さどう》の極意《ごくい》である。一碗《いちわん》の喫茶《きっさ》の短《みじか》い時間《じかん》のうちに、主客《しゅかく》の間《あいだ》に無言《むごん》で受《う》け渡《わた》しされるものが言霊《げんれい》である。即《すなわ》ち「拈華微笑《ねんげみしょう》」である。聖書《せいしょ》のロゴスを言葉《ことば》と訳《やく》すが、その言葉《ことば》は、未《いま》だ鳴《な》らざる音《おん》である。未《いま》だ鳴《な》らざるものの色相《しきそう》、電気的《でんきてき》には波長《はちょう》が言《こと》葉《ば》としてのロゴスのphase《フェイズ》である。

ロゴスは繁雑《はんざつ》な哲学的命題《てつがくてきカテゴリー》でもなければ、混《こ》み入《い》った科学《かがく》の方程式《ほうていしき》でもない。またそのままの形《かたち》では人間《にんげん》に適用《てきよう》しない宗教上《しゅうきょうじょう》のドグマ（教理《きょうり》、教義《きょうぎ》）でもない。ロゴスは、三十二個《さんじゅうにこ》の子音《しいん》と、父韻母音親音《ふいんぼいんしんいん》を加《くわ》えた、五十個《ごじゅっこ》の音《おん》を以《もっ》て形成《けいせい》された、極《きわ》めて単純《たんじゅん》な構造《こうぞう》を持《も》って居《い》る。この五十個《ごじゅっこ》が、人間《にんげん》の生命意志《せいめいいし》の構造《こうぞう》と性能《せいのう》のすべてである。「初《はじ》めにロゴスあり」と云《い》うギリシャ語《ご》を用《もち》いた形而上的命題《けいじじょうてきめいだい》は、そのままでは親鸞《しんらん》が云《い》った如《ごと》く「不可称《ふかしょう》・不可説《ふかせつ》・不可思議《ふかしぎ》」（歎異抄第十条《たんにしょうだいじゅうじょう》）であるが、そのロゴスが言霊《げんれい》の開眼《かいがん》によって、初《はじ》めて「初《はじ》めに言葉《ことば》あり」と云《い》い得《え》る形而上《けいじじょう》と形而下《けいじか》の世界《せかい》の切点《せってん》に位置《いち》する言《ことば》（言葉《ことば》）として、自覚《じかく》され把握《はあく》され表現《ひょうげん》される。仏教《ぶっきょう》で云《い》うならば、仏陀《ぶつだ》の色身《しきしん》としての摩尼宝珠《まにほうじゅ》が「言辞《ごんじ》の相《そう》」（方便品《ほうべんぼん》）として、すなわち言霊《げんれい》として初《はじ》めて捕《とら》えることが出来《でき》るのである。その昔《むかし》、霊鷲山《りょうじゅせん》の法華会《ほっけえ》の時《とき》には、既《すで》に滅尽《めつじん》して居《い》た仏陀《ぶつだ》の色身《しきしん》、三十二相八十種好《さんじゅうにそうはちじっしゅこう》が、再《ふたた》び言辞《ごんじ》の相《そう》として娑婆世界《しゃばせかい》に下生《げしょう》して来《き》たのが今日《こんにち》である。

その初《はじ》め、生命《せいめい》と云《い》う一《ひと》つのオリジンから出《で》て来《き》たものが、次々《つぎつぎ》に剖《わか》れてバラバラになって、そのバラバラがまとまることなく、夫々《それぞれ》の時処位《じしょい》に割拠《かっきょ》してひしめき合《あ》って居《い》るのが現代文明《げんだいぶんめい》の状況《じょうきょう》である。その百家争鳴《ひゃっかそうめい》、群雄割拠《ぐんゆうかっきょ》が、人類《じんるい》の生命《せいめい》に多大《ただい》の犠牲《ぎせい》と消耗《しょうもう》を要求《ようきゅう》して果《はて》しがない。複雑多岐《ふくざつたき》な文明《ぶんめい》の内容《ないよう》が、互《たが》いに対立矛盾《たいりつむじゅん》して渦巻《うずま》いて居《い》る。この状況《じょうきょう》を北欧《ほくおう》エッダ神話《しんわ》は、夙《つと》に文明《ぶんめい》のラグナロク（黄昏《たそがれ》）と称《しょう》して来《き》た。一《ひと》つから出《で》て来《き》たものは、永遠不変《えいえんふへん》の元《もと》の一《ひと》つのオリジンに還《かえ》ればよいのである。自然《しぜん》界《かい》では、獣《けもの》も、鳥《とり》も、昆虫《こんちゅう》も、植物《しょくぶつ》も、此《こ》の循環《じゅんかん》を正《ただ》しく繰返《くりかえ》しながら、嬉々《きき》として生息《せいそく》して居《い》る。独《ひと》り人類《じんるい》の文明《ぶんめい》だけに、此《こ》の自然《しぜん》の叡智《えいち》が無《な》い。一《ひと》つから発《はっ》して剖《ぼう》判分裂《はんぶんれつ》し乍《なが》らその剖判分裂《ぼうはんぶんれつ》すること自体《じたい》が、元《もと》の一《ひと》つに還《かえ》って行《い》く道程《どうてい》であることが生《せい》命《めい》の意志《いし》と知慧《ちえ》の道《みち》であるのが、言霊《げんれい》「言《こと》の葉《は》の誠《まこと》の道《みち》」である。演繹発展《えんえきはってん》の道程《どうてい》が、そのまま帰納調和《きのうちょうわ》の道《みち》となって行《い》くことが、文明《ぶんめい》の正《ただ》しい運営《うんえい》の方法《ほうほう》である。

生命意志循環《せいめいいしじゅんかん》の原律《げんりつ》は八父韻《はちふいん》にある。中心《ちゅうしん》の歯車《はぐるま》である。この歯車《はぐるま》の歯《は》の並《なら》べ方《かた》如《い》何《かん》によって、文明《ぶんめい》の調和《ちょうわ》と混乱《こんらん》が分《わか》れる。これを「自《おのづ》から旋転《まは》る焔《ほのほ》の剣《つるぎ》」（旧約創世《きゅうやくそうせい》記第三章《きだいさんしょう》）と云《い》う。その並《なら》べ方《かた》の種々相《しゅじゅそう》

タカマハラナヤサ　タカラハサナヤマ

カタマハサナヤラ　カサタナハマヤラ

等《など》の父韻《ふいん》の並《なら》び方《かた》の順序《じゅんじょ》に就《つ》いては、本書以前《ほんしょいぜん》の著書《ちょしょ》の中《なか》で既《すで》に説《と》いた。

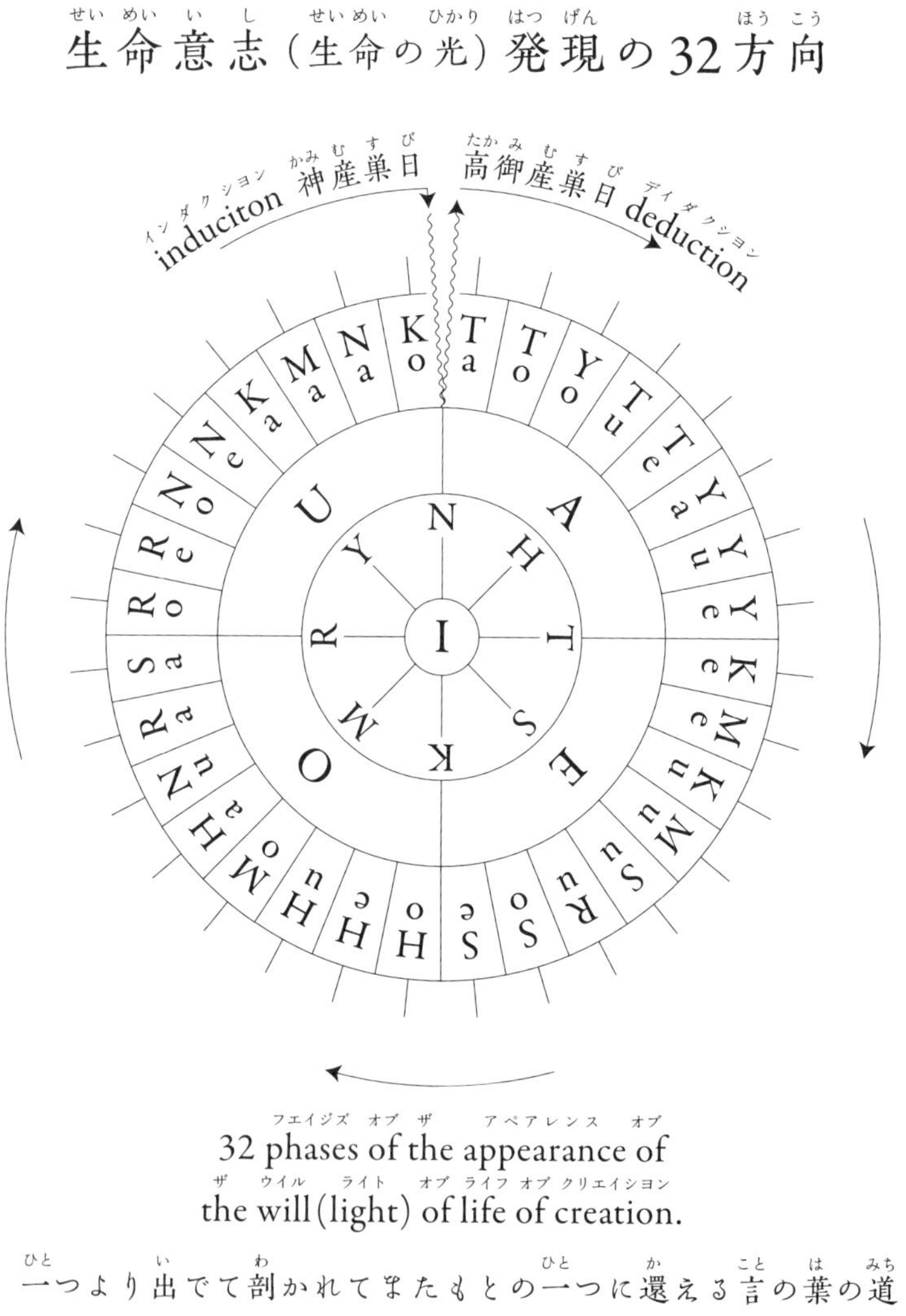

図表-11｜**生命意志（生命の光）発現の32方向**

中心《ちゆうしん》の歯車《はぐるま》

“the《ザ》 flaming《フレイミング》 sword《ソード》 which《ウイツチ》
turned《ターンド》 every《エヴリ》 way《ウエイ》”
(Genesis《ジエネシス》 3:24)

「自《おのづ》から旋転《まは》る焔《ほのほ》の剣《つるぎ》」（創世記《そうせいき》 第《だい》3章《しよう》24節《せつ》）

図表-12｜**中心の歯車**

不《ふ》可《か》能《のう》への追《つい》及《きゅう》

古《ふる》くはゾロアスターの頃《ころ》から、次《つ》いでモーゼ、釈迦《しゃか》、マホメットによって、神《かみ》や仏《ほとけ》は、一応向《いちおうむこ》うJenseits《イエーンザイツ》にあるものとして教《おし》えられ、且《か》つ一般《いっぱん》に信《しん》じられて来《き》た所《ところ》のものの本《ほん》体《たい》は、人間自体《にんげんじたい》に内在《ないざい》して居《い》る。外《そと》から人間《にんげん》を操作指導拘束《そうさしどうこうそく》しているのではない。神《しん》仏《ぶつ》とは、人間自体《にんげんじたい》の自主自由《じしゅじゆう》な創造《そうぞう》する生命意志《せいめいいし》の謂《いい》である。然《しか》し釈迦《しゃか》もイエスも、その存在《そんざい》を指示《しじ》しただけで、その内容《ないよう》を明《あき》らかにすることを控《ひか》えていた。生命意志《せいめいいし》の構造《こうぞう》と活用《かつよう》を、明白《めいはく》には説《と》かなかったのである。仏陀《ぶつだ》は四十五年《よんじゅうごねん》の説法《せっぽう》に於《お》いて、卍《まん》字《じ》（言霊《げんれい》）の一字《いちじ》も説《と》かずと述《の》べた。イエスは「天《てん》にいます我《われ》らの父《ちち》よ、願《ねが》はくは御《み》名《な》の崇《あが》められん事《こと》を。」（新約《しんやく》マタイ伝第六章《でんだいろくしょう》）である父韻《ふいん》が、人類《じんるい》の祈《いの》りと修業《しゅぎょう》によって、やがて明《あき》らかにされる事《こと》を希《こいねが》い、予言《よげん》するに止《とど》まった。

今日《こんにち》、世界《せかい》が劫末終局《ごうまつしゅうきょく》の混乱《こんらん》に突入《とつにゅう》しつつあるに際《さい》して、その神《かみ》と仏《ほとけ》の正体《しょうたい》が、人《にん》間《げん》の純粋《じゅんすい》の生命意志《せいめいいし》の原理《げんり》、布斗麻邇《ふとまに》、摩尼宝珠《まにほうじゅ》、言霊《げんれい》、ロゴス、ソフィア（最上《さいじょう》智《ち》）として、人間《にんげん》そのものである仏陀自身《ぶつだじしん》、云《い》い換《か》えれば仏教《ぶっきょう》の全域《ぜんいき》から、救世主《きゅうせいしゅ》イエス自身《じしん》、すなわちキリスト教《きょう》の全域《ぜんいき》の中《なか》から出現《エマージ》して来《き》た。この事《こと》が弥勒仏《みろくぶつ》の下生《げしょう》、阿弥陀如来《あみだにょらい》の成道《じょうどう》、キリストの再臨《さいりん》、天国《てんごく》の開扉《かいひ》、天《あま》の岩戸《いわと》開《びら》きとして予言《よげん》されて来《き》た所《ところ》の事態《じたい》である。

その今日《こんにち》、改《あらた》めて世界《せかい》に顕《あら》われて来《き》た所《ところ》のものは、イエアオウの五智《ごち》、すなわち五《ご》大五行《だいごぎょう》（パゴダ、五重塔《ごじゅうのとう》、ピラミッド）の最上階《さいじょうかい》のイの境界《きょうかい》に存在《そんざい》するもので、それは今日《こんにち》まで、そして今日《こんにち》でもなお、イ（ソフィア）以外《いがい》の、エアオウの四智《しち》を以《もっ》てしては、覗《うかが》い知《し》る事《こと》が出来《でき》ないものである。嘗《かつ》て、老子《ろうし》や孔子《こうし》が起《お》こって道徳《どうとく》を説《と》き、近世《きんせい》ではカントが『実践理性批判《じっせんりせいひはん》』を著《しる》したが、言霊《げんれい》エである彼等《かれら》の段階《だんかい》の智慧《ちえ》を以《もっ》てしても、最上智《ソフィア》の開明《かいめい》は為《な》し得《え》なかった。嘗《かつ》て、釈迦《しゃか》やイエスが起《お》こって言霊《げんれい》アである知的《ちてき》な諸法空相《しょほうくうそう》、諸法実相《しょほうじっそう》と共《とも》に、感情的《かんじょうてき》な愛《あい》と信《しん》と慈悲《じひ》を説《と》いたが、同《おな》じくその言霊《げんれい》アの段階《だんかい》の智慧《ちえ》を以《もっ》てしては、ロゴス、ソフィア、プラーナ、言霊《げんれい》イの存在《そんざい》を指示《しじ》し、その出現《しゅつげん》を予言《よげん》するに止《とど》まった。近代《きんだい》の心理学者《しんりがくしゃ》フロイト、ユングが、経験知《けいけんち》を推《お》し進《すす》めて、生命《せいめい》の内奥《ないおう》の扉《とびら》に挑《いど》んだが、言霊《げんれい》オ（経験知《けいけんち》）に拠《よ》る心理学《しんりがく》を以《もっ》てしては、生命内奥《せいめいないおう》の鉄《てつ》の扉《とびら》は開《ひら》き得《え》ない。ヘーゲルの唯心論《ゆいしんろん》、無限《むげん》の認識《にんしき》を倒逆《とうぎゃく》した仮説《かせつ》であるマルクスの唯物史観《ゆいぶつしかん》を共産国家《きょうさんこっか》の権力《けんりょく》を以《もっ》て人民《じんみん》に強制《きょうせい》しても、人間《にんげん》の内奥《ないおう》に位《くらい》する本来絶対自主自由《ほんらいぜったいじしゅじゆう》の創造《そうぞう》する生命意志《せいめいいし》を生《い》かすことは不可能《ふかのう》である。巧妙《こうみょう》な為替《かわせ》の操作《そうさ》によって、世界《せかい》の金権《きんけん》を掌握《しょうあく》し、人類《じんるい》の半数以上《はんすういじょう》を自由資本主義《じゆうしほんしゅぎ》と云《い》う牧場《ぼくじょう》の場内《じょうない》に閉《と》じ込《こ》めて、羊《ひつじ》や牛《うし》の様《よう》な家畜《かちく》として使役《しえき》しても、その家畜《かちく》は勿論《もちろん》、資本主義《しほんしゅぎ》自身《じしん》さえも、自由《じゆう》な生命意志《せいめいいし》の操作《そうさ》は不可能《ふかのう》である。

然《しか》しなお、現在《げんざい》一九八〇年以後数年《ねんいごすうねん》、或《ある》いは数十年《すうじゅうねん》の間《あいだ》は、世界《せかい》に仏教《ぶっきょう》、キリスト教《きょう》が行《おこな》われて居《い》て、ドグマを明《あき》らかにし得《え》ないままの信仰《しんこう》と予言《よげん》を人類《じんるい》が担《かつ》ぎ廻《ま》わる。儒教《じゅきょう》も、西洋哲学《せいようてつがく》も、現在《げんざい》のままの彼等自身《かれらじしん》の主観的方法《しゅかんてきほうほう》を以《もっ》てしては、文明《ぶんめい》の解決《かいけつ》は不可能《ふかのう》である。ユダヤ教《きょう》が、四千年《よんせんねん》に亘《わた》る長《なが》い努力《どりょく》によるカバラの研究《けんきゅう》を、この上更《うえさら》に千年《せんねん》、二千年続《にせんねんつづ》けても、ウオアエ四智《しち》だけの操作《そうさ》、神秘《しんぴ》のシャーマニズム的方《てきほう》法《ほう》と数理《すうり》の捏《こ》ね廻《ま》わしだけでは、神《かみ》の国《くに》、生命《せいめい》の世界《せかい》の構造性能《こうぞうせいのう》を明《あき》らかにし得《え》ない。そのカバラと資本主義《しほんしゅぎ》を併用《へいよう》することによって、仮《かり》にダビデの世界制覇《せかいせいは》すなわちシオニズムの事業《じぎょう》は成就《じょうじゅ》するとしても、民族《みんぞく》の始祖《しそ》モーゼが教《おし》えた生命《いのち》の園《その》エデンの扉《とびら》は開《ひら》き得《え》ない。然《しか》し人類《じんるい》は、以上《いじょう》の今日《こんにち》までの方法《ほうほう》が不可能《ふかのう》であることを自覚《じかく》し実証《じっしょう》して、深刻《しんこく》な絶望《ぜつぼう》に陥《おちい》る時《とき》が来《く》るまでは、古《ふる》めかしい先蹤《せんしょう》の追従《ついじゅう》と追及《ついきゅう》と推進《すいしん》を止《や》めないだろう。

繰返《くりかえ》すが、経験《けいけん》を以《もつ》て経験《けいけん》の原因《げんいん》を、意識《いしき》を以《もつ》て意識《いしき》の淵源《えんげん》を究《きわ》めようとして居《い》る心理学《しんりがく》は、何処《どこ》まで掘《ほ》り下《さ》げて行《い》っても、意識《いしき》だけしか現《あら》われて来《こ》ない。性《せい》の衝動《しょうどう》、意識《いしき》、潜在意識《せんざいいしき》、深層心理《しんそうしんり》と進《すす》めて行《い》っても、依然意識《いぜんいしき》を離脱《りだつ》する事《こと》が出来《でき》ず、意識《いしき》が由《よ》って来《く》る原因《げんいん》を究《きわ》め得《え》ない。唯物史観哲学《ゆいぶつしかんてつがく》は、強力《きょうりょく》な国家権力《こっかけんりょく》を以《もつ》て強制《きょうせい》しない限《かぎ》り施行《せぎょう》する事《こと》が出来《でき》ない事《こと》は、今日既《こんにちすで》に人類《じんるい》の大半《たいはん》が承知《しょうち》して居《い》る。斯《か》くして今日《こんにち》現実《げんじつ》に行《おこな》われて居《い》る文明操作《ぶんめいそうさ》、世界経営《せかいけいえい》のすべての方法《ほうほう》が悪《わる》く成就不可能《じょうじゅふかのう》と悟《さと》って望《のぞ》みを失《うしな》って、収拾《しゅうしゅう》が付《つ》かなくなった時《とき》が最後《さいご》の劫末《ごうまつ》の時《とき》である。「葦原《あしはら》の中《なか》つ国《くに》はいたく騒《さや》ぎてありなり。」と古事記《こじき》は予言《よげん》して居《い》る。

「衆生《しゅじょう》の、劫尽《こうつ》きて　大火《だいか》に焼《や》かるると見《み》る時《とき》も　わがこの土《ど》は安穏《あんのん》にして　天《てん》・人《にん》、常《つね》に充満《じゅうまん》せり。」（寿量品《じゅりょうほん》）と釈迦《しゃか》も予言約束《よげんやくそく》して居《い》る。その約束《やくそく》の時《とき》は、人類《じんるい》が今《いま》なお三千年来《さんぜんねんらい》の古《ふる》い時代《じだい》の夢《ゆめ》に呆《ほ》けて居《い》る間《ま》に、此《こ》の世界《せかい》の、もう一《ひと》つ高《たか》い境域《きょういき》に於《お》いて、時々刻々《じじこくこく》、成就《じょうじゅ》されつつある。劫末《ごうまつ》の大火《たいか》の混乱《こんらん》の時《とき》は、人間《にんげん》めいめいが深《しん》刻《こく》に徹底的《てっていてき》に自己反省懺悔《じこはんせいざんげ》する時《とき》である。この自己反省《じこはんせい》を「最後《さいご》の審判《しんぱん》」と云《い》う。

霧《きり》の中《なか》の人類《じんるい》

今日《こんにち》の日本《にほん》の青年《せいねん》を指導《しどう》する、教育教養《きょういくきょうよう》の上《うえ》に欠如《けつじょ》して居《い》るのは、祈《いの》りと瞑想《めいそう》と自己反省《じこはんせい》である。これを指導《しどう》する人間本来《にんげんほんらい》の自主性《じしゅせい》、自律性《じりつせい》、自由性《じゆうせい》を心得《こころえ》た人物《じんぶつ》が、政治家《せいじか》にも教育者《きょういくしゃ》にも居《い》ない。大学《だいがく》の指導者《しどうしゃ》は、欧米《おうべい》の学説《がくせつ》や古来《こらい》の論説《ろんせつ》の受《う》け売《う》り紹介者《しょうかいしゃ》に過《す》ぎない。その欧米《おうべい》でも、科学《かがく》の世界以外《せかいいがい》は恐《おそ》らくは同《おな》じ形態《けいたい》だろう。瞑想《めいそう》と自己遍照《じこへんしょう》を以《もっ》てしない時《とき》、あらゆる知識《ちしき》は知識《ちしき》のままで受《う》け渡《わた》しされて、それがただ平面的《へいめんてき》に拡《ひろ》がって行《い》くだけで、其処《そこ》に内面的《ないめんてき》な掘《ほ》り下《さ》げが行《おこな》われない。だから欧米《おうべい》でも日本《にほん》でも、現在《げんざい》の世界《せかい》と自己《じこ》より深《ふか》いもの、より本当《ほんとう》のもの、より普遍《ふへん》なものを求《もと》めようとする本来《ほんらい》の純真《じゅんしん》な人間性《にんげんせい》をまだ失《うしな》って居《い》ない青年《せいねん》たちは、学校《がっこう》から広《ひろ》い世界《せかい》へはみ出《だ》し、人物《じんぶつ》と場所《ばしょ》を求《もと》めて巡礼遍歴《じゅんれいへんれき》しなければならなくなる。すなわちヒッピーである。また大学《だいがく》を出《で》て一応世間《いちおうせけん》の拘束《こうそく》には入《はい》った青年《せいねん》も、自由《じゆう》を求《もと》めて所属《しょぞく》する企業《きぎょう》から「出家《しゅっけ》」して行《い》く。すなわち「脱《だつ》サラ」である。だが悲《かな》しい事《こと》に是等《これら》の青《せい》年達《ねんたち》は、多《おお》くの宗教営業者《しゅうきょうえいぎょうしゃ》や論客《ろんきゃく》から、魚《さかな》を求《もと》めて蛇《へび》を与《あた》えられるのみである。

重《かさ》ねて云《い》うが、ゾロアスターの頃《ころ》から、近《ちか》くはアウグスチヌス、マホメットの頃以来《ころいらい》、人類《じんるい》は重《おも》い思想《しそう》と云《い》う荷物《にもつ》を背負《せお》って、山坂《やまさか》を越《こ》えて旅《たび》を続《つづ》けて居《い》る。その荷物《にもつ》は更《さら》に荷物《にもつ》を産《う》んで、年毎《としごと》に重《おも》さを増《ま》して行《い》く。そして人類《じんるい》の肩《かた》も、腰《こし》も、膝《ひざ》も、この先《さき》幾何《いくばく》も耐《た》え得《え》られない所《ところ》まで来《き》て居《い》る。然《しか》し三千年《さんぜんねん》、四千年旅《よんせんねんたび》しても、未《いま》だに到着《とうちゃく》できず、目的地《もくてきち》は霞《かすみ》や雲《くも》の中《なか》に隠《かく》れて定《さだ》かならぬ。今日《こんにち》までの「菩薩行《ぼさつぎょう》」は、極《きわ》めて悲惨《ひさん》なものであった。霧《きり》の中《なか》には、実《じつ》はすぐ間近《まぢか》な所《ところ》にモーゼが象徴的《しょうちょうてき》に説《と》いて呉《く》れたエデンの楽園《らくえん》（五十音言霊《ごじゅうおんげんれい》）があるのだが、霧《きり》の中《なか》を進《すす》めば進《すす》むほど、その楽園《らくえん》はより遠《とお》くへ逃《に》げて行《い》く。その霧《きり》を知識《ちしき》と云《い》う。

この事《こと》を、また斯《こ》うも云《い》えよう。人類《じんるい》の背中《せなか》の荷物《にもつ》が荷物《にもつ》のままで質量《しつりょう》が増《ま》して行《い》くのは、初《はじ》めに荷物《にもつ》を背負《せお》い背負《せお》わされた時《とき》、その中実《なかみ》が何《なん》であるかを知《し》らず、知《し》らされずに背負《せお》ったから、荷物《にもつ》のまわりに知識《ちしき》が癌《がん》の様《よう》に発生増殖《はっせいぞうしょく》して、遂《つい》に背負《せお》い切《き》れなくなったのだ。そこで人間《にんげん》が、何処《どこ》かの樹陰《こかげ》でその荷物《にもつ》を降《お》ろし、縄《なわ》を解《と》いて整《せい》理《り》して、真中《まなか》にある最初《さいしょ》に背負《せお》った時《とき》の品物《しなもの》を取《と》り出《だ》して改《あらた》めて見《み》れば、その長《なが》い旅《たび》の目的《もくてき》は、実《じつ》は背負《せお》った荷物《にもつ》の真中《まなか》の中実《なかみ》そのものであった事《こと》が判明《はんめい》する。三千年《さんぜんねん》、四《よん》千年間《せんねんかん》の難解難入《なんかいなんにゅう》の「公案《こうあん》」として負《お》わされた問題《もんだい》は、ただ一《ひと》つ「人間《にんげん》とは何《なに》か」、その性能《せいのう》の全貌《ぜんぼう》は何《なに》か、と云《い》うことである。濃《こ》い霧《きり》の中《なか》に、実《じつ》は直《す》ぐ近《ちか》くにあるその公案《こうあん》の答《こた》えは、エデンの園《その》の原理《げんり》の実体《じったい》、神《かみ》の言葉《ことば》、すなわち生命《いのち》の言葉《ことば》（道《みち》）、すなわち言霊《げんれい》である。

全人類《ぜんじんるい》が、今日《こんにち》までの屋根《やね》も土台《どだい》も朽《く》ちてしまった、混乱《こんらん》の文明《ぶんめい》の家《いえ》から解放《かいほう》される時《とき》が来《き》た。その時節《じせつ》は西暦二千年頃《せいれきにせんねんころ》になる。そのためには人類《じんるい》のすべてが、特《とく》に思《し》想《そう》、信仰《しんこう》、政治《せいじ》、経済《けいざい》の各部門《かくぶもん》の指導者達《しどうしゃたち》が率先《そっせん》して、古《ふる》い文明《ぶんめい》と云《い》う自己《じこ》の殻《から》を、昆虫《こんちゅう》の羽化《うか》の如《ごと》くに解脱卒業《げだつそつぎょう》して、従前《じゅうぜん》の四智《しち》の感情《かんじょう》と知識《ちしき》のジャングルから解放《かいほう》されて、もう一《ひと》つより高《たか》い次元《じげん》に存《そん》する、創造《そうぞう》する生命《せいめい》意志《いし》の原理《げんり》を明《あき》らかにしなければならない。神仏《しんぶつ》の実体《じったい》である創造《そうぞう》する純粋《じゅんすい》な生命《せいめい》意志《いし》は、人間《にんげん》のすべての営《いとな》みの淵源《えんげん》であり、動機《どうき》であり、指導原理《しどうげんり》である。「萬《よろづ》の物《もの》これ（言葉《ことば》）に由《よ》りて成《な》り、成《な》りたる物《もの》に一《ひと》つとして之《これ》によらで成《な》りたるはなし。之《これ》に生命《いのち》あり、この生命《いのち》は人《ひと》の光《ひかり》なりき。」（新約《しんやく》ヨハネ伝第一章《でんだいいっしょう》）と、ヨハネ伝《でん》が説《と》く生命《いのち》の光《ひかり》とは、人間自身《にんげんじしん》の生命《せいめい》意志《いし》の原理《げんり》の自覚《じかく》である。人類《じんるい》と云《い》うものが存在《そんざい》する基本形態《きほんけいたい》を、人類文明《じんるいぶんめい》が何《なに》によって創造《そうぞう》されるかを弁《わきま》えない者《もの》が、指導者面《しどうしゃづら》をして引《ひ》っ掻《か》き回《まわ》すから、世界《せかい》はただ紛糾《ふんきゅう》の一途《いっと》を辿《たど》る。

此《こ》の原稿《げんこう》の下書《したが》きを綴《つづ》って居《い》る途中《とちゅう》、昭和五十四年九月二十五日《しょうわごじゅうよねんくがつにじゅうごにち》の夕方《ゆうがた》、四《し》、五時《ごじ》間《かん》の執筆《しっぴつ》に少《すこ》し疲《つか》れたからと銭湯《せんとう》へ行《い》って湯槽《ゆぶね》につかった。その時突然《ときとつぜん》、自意識《じいしき》を失《うしな》った。帰《かえ》りが遅《おそ》いので心配《しんぱい》して迎《むか》えに来《き》た家内《かない》と、近所《きんじょ》に住《す》んで居《い》る石沢莞爾君《いしざわかんじくん》に背負《せお》われて、此《こ》の春《はる》、肺炎《はいえん》で入院《にゅういん》して居《い》た近所《きんじょ》の黒須病院《くろすびょういん》に運《はこ》ばれた。それから十四時間《じゅうよじかん》経《た》った翌日《よくじつ》の暁方《あかつきがた》、普段《ふだん》の眠《ねむ》りから覚《さ》めた時《とき》の様《よう》に意識《いしき》が戻《もど》って、ベッドに寝《ね》ている自《じ》分《ぶん》を発見《はっけん》した。だが此処《ここ》が何処《どこ》であるか判《わか》らない。家内《かない》から昨夜《さくや》の経過《けいか》を聞《き》いて、そうだったのかと知《し》ったが、夢遊病者《むゆうびょうしゃ》のようにその間《かん》の記憶《きおく》が全然《ぜんぜん》ない。病院《びょういん》では、夜通《よどお》し昏睡《こんすい》の筆者《ひっしゃ》の治療《ちりょう》を続《つづ》けて呉《く》れた。病院《びょういん》に運《はこ》ばれた時《とき》の血圧《けつあつ》は、二八五《にひゃくはちじゅうご》あった。一過性高血圧症《いっかせいこうけつあつしょう》である。「今日《きょう》は死亡診断書《しぼうしんだんしょ》を書《か》かねばならぬと思《おも》ったのに、よく助《たす》かった……。」と院長《いんちょう》が話《はな》して呉《く》れた。三週間《さんしゅうかん》の入院《にゅういん》を命《めい》ぜられ、その後《ご》、記憶喪失《きおくそうしつ》や言語障害《げんごしょうがい》の後遺症《こういしょう》も起《お》こらず、血圧《けつあつ》も下《さ》がって来《き》たので予定通《よていどお》り退院《たいいん》して、自宅《じたく》で療養《りょうよう》を続《つづ》けて居《い》る。

言霊布斗麻邇《げんれいふとまに》に就《つ》いて思索《しさく》を綴《つづ》るためには、実《じつ》は多量《たりょう》の精神的《せいしんてき》エネルギーを要《よう》する。と云《い》うことは、脳《のう》が多量《たりょう》の血液《けつえき》を要求《ようきゅう》する。マホメットがコーランを説《と》いた時《とき》、その前《まえ》に往々《おうおう》意識《いしき》を失《うしな》って倒《たお》れ再《ふたた》び起《た》ち上《あが》った時《とき》、神憑《かみがか》り状態《じょうたい》で説法《せっぽう》が始《はじ》まったと云《い》うことを伝記《でんき》で読《よ》んだ。民間《みんかん》のシャーマニズムでも、多《おお》くは女性《じょせい》である霊媒《れいばい》は、始《はじ》めトランス状態《じょうたい》になって倒《たお》れて、それから座《すわ》り直《なお》してオラクルをしゃべり出《だ》すことをしばしば見《み》て来《き》た。帰宅後《きたくご》の筆者《ひっしゃ》は、なお血圧《けつあつ》の高下動揺《こうげどうよう》が続《つづ》くが、毎日調子《まいにちちょうし》のよい時《とき》を見《み》ては、原稿《げんこう》を二枚《にまい》でも三枚《さんまい》でも書《か》き続《つづ》けて居《い》る。筆者《ひっしゃ》がシャーマニズム時代《じだい》から此処《ここ》まで来《く》るために、五十年《ごじゅうねん》の修練《しゅうれん》工夫《くふう》を続《つづ》けて来《き》た。それは魂《たましい》の向上《こうじょう》の道《みち》であったが、生理学《せいりがく》、医学的《いがくてき》には、血圧《けつあつ》の高騰《こうとう》に耐《た》える練習《れんしゅう》であったとも云《い》えよう。

主《しゆ》観《かん》の遊《ゆう》離《り》逸《いつ》脱《だつ》

若《わか》い人達《ひとたち》が創造《そうぞう》する純粋《じゆんすい》の生命意志《せいめいいし》の世界《せかい》を究尽《くじん》するための修証《しゆしよう》としての、三《みつ》つの段《だん》階《かい》に就《つ》いて重複《ちようふく》を省《かえり》みず説《と》いて行《い》こう。時代《じだい》と社会《しやかい》の業《ごう》に引《ひ》きずられて行《い》くだけの生活《せいかつ》に疑問《ぎもん》を持《も》って、人間《にんげん》の本質的《ほんしつてき》生《い》き方《かた》を見付《みつ》けようと発心《ほつしん》（発菩提心《ほつぼだいしん》）して、多《おお》くは二十歳《はたち》の頃《ころ》から自己探索《じこたんさく》の道程《どうてい》に入《はい》る。そして最初《さいしよ》に取《と》り付《つ》く所《ところ》は、その人《ひと》の縁《えん》によって、仏教《ぶつきよう》でも、キリスト教《きよう》でも、儒教《じゆきよう》でも、西洋哲学《せいようてつがく》でも、神道《しんとう》でも、何《いず》れでもよい。念仏《ねんぶつ》でも、禅《ぜん》でも、キリスト教《きよう》の祈《いの》りでも、神道《しんとう》の鎮魂《ちんこん》でも、何《いず》れでもよい。或《ある》いは、武道《ぶどう》でも、茶道《さどう》でもよいだろう。是等《これら》の道《みち》に就《つ》いて、しばらく修練《しゆうれん》を続《つづ》けて居《い》ると、間《ま》もなく今《いま》までに識《し》らなかった、別箇《べつこ》の自分《じぶん》の能力《のうりよく》が顕《あら》われて来《く》る。この事《こと》が、幼虫《ようちゆう》の第一回目《だいいつかいめ》の脱皮《だつぴ》である。その最初《さいしよ》に現《あら》われて来《く》るものは、シャーマニズムの霊感《れいかん》、霊能《れいのう》、テレパシーと云《い》われる、初歩《しょほ》の第六感《だいろっかん》の神通力《じんつうりき》である。このテレパシーの世界《せかい》は前述《ぜんじゅつ》したから省略《しょうりゃく》するが、この第一回目《だいいちかいめ》の生長《せいちょう》の後《あと》に、第二回目《だいにかいめ》の脱皮《だっぴ》が行《おこな》われる。

主《しゅ》観《かん》客《きゃっ》観《かん》の一《いっ》致《ち》

シャーマニズムは、主観《しゅかん》の逸脱独走《いつだつどくそう》であって、その主観《しゅかん》のみの真理性《しんりせい》は成《な》り立《た》たない。このシャーマニズムの境涯《きょうがい》から更《さら》に進《すす》んで、仏教《ぶっきょう》の解脱安心《げだつあんじん》、すなわちキリスト教《きょう》の再《さい》生《せい》、復活《ふっかつ》、聖潔《きよめ》の域《いき》に向上《こうじょう》することは、実《じつ》は容易《ようい》な業《わざ》ではない。これに就《つ》いて、「しばらく疑問《ぎもん》をいたして、ついに明證《みやうしよう》をいだす。まことに佛恩《ぶちおん》の深重《じむぢう》なるを念《ねむ》じて、人《じん》倫《りん》の哢言《ろうげん》をはぢず。」（教行信証《きようぎようしんしよう》 信巻《しんのまき》）と親鸞《しんらん》はあっさり述《の》べて居《い》るが、その疑問《ぎもん》の期間《きかん》には生命《いのち》がけの工夫《くふう》を要《よう》する。めいめいが、相当《そうとう》の努力《どりょく》と、時間《じかん》をかけての「行《ぎょう》」を以《もっ》てしなければならぬ。その人《ひと》の宿業《しゅくごう》の深浅《しんせん》、魂《たましい》の上品《じょうぼん》、中品《ちゅうぼん》、下品《げぼん》によって差異《さい》のある事《こと》だが、或《ある》いは三年《さんねん》、或《ある》いは五年《ごねん》、十年《じゅうねん》の修練《しゅうれん》を以《もっ》てする。禅《ぜん》には、「三十年来剣《さんじゅうねんらいけん》を尋《たず》むるの客《きゃく》、幾回《いくたび》か葉落《はお》ち又枝《またえだ》を抽《ぬ》んづる。」（霊雲《れいうん》の偈《げ》）と云《い》う偈《げ》がある。「努力《どりょく》して今生《こんじょう》に須《すべか》らく了却《りょうきゃく》すべし。永劫《えいごう》に余殃《よおう》を受《う》けしむること莫《なか》れ。」（無門関《むもんかん》禅箴《ぜんしん》）と、禅箴《ぜんしん》は教《おし》える。是非《ぜひ》とも、この一生《いっしょう》のうちに遂行《すいこう》しなければならない。死後《しご》を待《ま》ち、来世《らいせ》に延《の》ばすわけには行《い》かない。来世《らいせ》は存在《そんざい》しない。来世《らいせ》が有《あ》る如《ごと》く考《かんが》えるのは、釈迦《しゃか》やペテロ（カトリック）の方便《ほうべん》から自《みずか》ら脱《ぬ》け出《だ》せないからである。死後《しご》に霊魂《れいこん》だけが生《い》き残《のこ》るとする考《かんが》えは、シャーマニズムの主観的幻想《しゅかんてきげんそう》であって、死《し》と共《とも》に「四大放下《しだいほうげ》」して万事休《ばんじきゅう》すであり、文明《ぶんめい》の創造《そうぞう》は不可能《ふかのう》となる。死後《しご》に残《のこ》るものは、生前《せいぜん》の事業《じぎょう》だけであり、そして当《あ》てにするわけに行《い》かぬ子孫《しそん》のみである。

斯《こ》うして、主観《しゅかん》の独走《どくそう》（シャーマニズム）の意義《いぎ》と、可能性《かのうせい》の限界《げんかい》を反省《はんせい》した上《うえ》に於《お》いての第二段《だいにだん》の修業《しゅぎょう》は、祈《いの》りと瞑想《めいそう》と反省懺悔《はんせいざんげ》である。その瞑想懺悔《めいそうざんげ》は、自己《じこ》の魂《たましい》の中《なか》に生《う》まれた時以来《ときいらい》、更《さら》には祖先《そせん》から遺伝《いでん》（因縁《いんねん》）的《てき》に受《う》け継《つ》がれて蠢《うごめ》いて居《い》て、これこそが自分《じぶん》であると今《いま》まで主張《しゅちょう》を押《お》し通《とお》して来《き》た既成観念《きせいかんねん》や、習癖《しゅうへき》の悉《ことごと》くを一《ひと》つ一《ひと》つ掘《ほ》り返《かえ》えし、突《つ》き止《と》めて洗《あら》い流《なが》して行《い》くことである。然《しか》し反省《はんせい》を尽《つ》くして、是以上《これいじょう》反省《はんせい》の余地《よち》がない迄《まで》に到《いた》っても、なお既成観念《きせいかんねん》はダニのように付《つ》き纏《まと》うし、抑《おさ》えても抑《おさ》えても習癖《しゅうへき》は頭《あたま》を擡《もた》げて来《く》る。長《なが》い間《あいだ》の自分《じぶん》との闘争《とうそう》が続《つづ》く。その揚《あ》げ句《く》の果《は》てに、自分自身《じぶんじしん》の能力《のうりょく》を以《もっ》てしては、自分《じぶん》の魂《たましい》を自分《じぶん》では処理整理《しょりせいり》することが不可能《ふかのう》であることを、しみじみと、そして否応《いやおう》なしに承認《しょうにん》せざるを得《え》ない破目《はめ》に到達《とうたつ》する。「いづれの行《ぎょう》もおよびがたき身《み》なれば、とても地獄《じごく》は一定《いちぢやう》すみかぞかし。」（歎異抄《たんにしょう》第二条《だいにじょう》）と云《い》う親鸞《しんらん》の悲歎述懐《ひたんじゅっかい》が、自分自身《じぶんじしん》の述懐《じゅっかい》となる。業縁《カルマ》に繋縛《けいばく》されて、それから脱《のが》れることの出来《でき》ない、無力不自由《むりょくふじゆう》な自分《じぶん》であることの自己承認《じこしょうにん》である。

ところが、自分《じぶん》で自分《じぶん》を処置整理《しょちせいり》出来《でき》ない業縁《ごうえん》のどん底《ぞこ》に沈《しず》んで、悲《かな》しみ諦《あきら》めるだけで居《い》る始末《しまつ》に負《お》えぬ自分《じぶん》が、魂《たましい》の死《し》んだ人間《にんげん》として存在《そんざい》して居《い》るのだが、その間《あいだ》にふと気《き》が付《つ》くと、その自分《じぶん》が不思議《ふしぎ》にも今此処《いまここ》に現実《げんじつ》に生《い》きて居《い》ることが改《あらた》めて発見《はっけん》される。その自分《じぶん》が、空気《くうき》や、水《みず》や、食物《しょくもつ》や、衣服《いふく》も、人並《ひとな》みに与《あた》えられて、今既《いますで》に現《げん》に生《い》きて居《お》り、むしろ生《い》かされて居《い》る事実《じじつ》が発見《はっけん》される。自分《じぶん》を生《い》かし育《そだ》てて呉《く》れて居《い》るものが存在《そんざい》することに気《き》が付《つ》く。

この事《こと》に気《き》が付《つ》いた刹那《せつな》、それまで自分《じぶん》を閉《と》じ込《こ》めて居《い》た宿業《しゅくごう》の扉《とびら》が一度《いちど》にパッと開《ひら》かれて消滅《しょうめつ》してしまう。そして、その扉《とびら》が消滅《しょうめつ》した時《とき》、同時《どうじ》に広大無辺《こうだいむへん》の宇宙《うちゅう》の時間《じかん》と空間《くうかん》の全領域《ぜんりょういき》が、忽然《こつぜん》として現前《げんぜん》する。この広大無辺《こうだいむへん》の全領域《ぜんりょういき》は、何《なん》であるのか名《な》付《づ》けようのないものである。

「念仏《ねんぶつ》には無義《むぎ》をもつて義《ぎ》とす。不可称《ふかしょう》・不可説《ふかせつ》・不可思議《ふかしぎ》のゆへに、とおほせさふらひき。」（歎異抄《たんにしょう》 第十条《だいじゅうじょう》）と親鸞《しんらん》は云《い》って居《い》る。この無際限《むさいげん》の世界《せかい》が、所謂《いわゆる》「空《くう》」であり、この「空《くう》」が、所謂神《いわゆるかみ》、仏《ほとけ》と号《なづ》けられて居《い》るものの全貌《ぜんぼう》であることが、他《ほか》の誰《だれ》の証明《しょうめい》の必要《ひつよう》もなくして自証《じしょう》される。

この「空《くう》」、すなわち神《かみ》、仏《ほとけ》の心《こころ》は、無限《むげん》の愛《あい》であり、慈悲《じひ》であり、すなわち生命《せいめい》を生命《せいめい》たらしめるものである。その慈悲《じひ》と愛《あい》は、自分《じぶん》で自分《じぶん》を始末《しまつ》出来《でき》なくて、宿業《カルマ》のどん底《ぞこ》に蛆虫《うじむし》のように蠢《うごめ》くのみの、限《かぎ》りなく「悪性《あくしょう》」の「悪人《あくにん》」の自分《じぶん》であればある程《ほど》、却《かえ》っていよいよ深《ふか》い愛《あい》と育《はぐく》みを惜《お》しみなく垂《た》れて下《くだ》さる、大《おお》きな母《はは》の心《こころ》である。親鸞《しんらん》が「悪人正機《あくにんしょうき》」、悪人《あくにん》こそ弥陀仏《みだぶつ》の本願《ほんがん》の目的《もくてき》であると説《と》いた浄信《じょうしん》が、しみじみ本当《ほんとう》だと肯《うなず》かれる。更《さら》にこの時《とき》、生命《せいめい》の扉《とびら》が開《ひら》かれる前《まえ》の元《もと》の自分《じぶん》を振《ふ》り返《かえ》る時《とき》、広《こう》大無辺《だいむへん》の宇宙《うちゅう》の片隅《かたすみ》に、粟粒《あわつぶ》の様《よう》な微粒子《びりゅうし》として、無智無能《むちむのう》な自分《じぶん》が居《い》ることが認《みと》められる。今《いま》まで此《こ》の微粒子《びりゅうし》を、これこそ自分《じぶん》の自我《じが》だと主張《しゅちょう》を続《つづ》けて来《き》た昔《むかし》の自分《じぶん》が、笑止千万《しょうしせんばん》だったことが省《かえり》みられる。生命《せいめい》の扉《とびら》が開《ひら》かれたことは、神《かみ》のふところに抱《だ》かれて、何《なに》もわきまえずして、泣《な》いたり、笑《わら》ったりして居《い》る赤児《あかご》としての自分《じぶん》の再発見《さいはっけん》である。泣《な》こうと、笑《わら》おうと、糞小便《くそしょうべん》を勝手《かって》に垂《た》れようと、赤児《あかご》には罪《つみ》はない。神《かみ》の赤児《あかご》としての人間《にんげん》には、初《はじ》めから罪《つみ》はない。この事《こと》を、キリスト教《きょう》では罪《つみ》の赦《ゆる》されindulgence《インダルジエンス》と云《い》う。神《かみ》の赤児《あかご》としての自己《じこ》の発見《はっけん》を、revival《リヴアイヴアル》, resurrection《レザレクシヨン》と云《い》う。この revival《リヴアイヴアル》を、聖書《せいしょ》は「人々《ひとびと》は之《これ》を殺《ころ》さん、かくて三日《みっか》めに甦《よみが》へるべし」（新約《しんやく》マタイ伝第十七章《でんだいじゅうななしょう》）と説《と》いている。自己絶望《じこぜつぼう》は肉《にく》なる自己《じこ》の死《し》である。この絶望《ぜつぼう》の後《あと》に「復《ふっ》活《かつ》」が訪《おとず》れる。

自分《じぶん》を頑強《がんきょう》に閉鎖《へいさ》して居《い》た宿業《しゅくごう》の城壁《じょうへき》が破砕《はさい》されて、内面《ないめん》に存在《そんざい》する魂《たましい》であり、生《せい》命《めい》であり、愛《あい》である宇宙《うちゅう》の全領域《ぜんりょういき》が発見《はっけん》された境涯《きょうがい》を、仏教《ぶっきょう》では辟支仏《びゃくしぶつ》（縁覚《えんがく》）と云《い》う。初地《しょじ》の仏陀《ぶつだ》である。キリスト教《きょう》では、これを「膏注《あぶらそそ》がれし者《もの》」anointed《アノインテッド》と云《い》う。今日《こんにち》までの世界《せかい》のすべての正当《せいとう》な哲学者《てつがくしゃ》、文学者《ぶんがくしゃ》、宗教家《しゅうきょうか》は、此《こ》の再生《さいせい》、復活《ふっかつ》の経験《けいけん》を経過《けいか》し、此処《ここ》を立地《りっち》として、夫々自己《それぞれじこ》の見識《けんしき》を以《もっ》て内面《ないめん》の生命世界《せいめいせかい》に分《わ》け入《い》って、その内容《ないよう》を明《あき》らかにしようと、めいめいが刻苦《こっく》して来《き》た。そして、夫々《それぞれ》の哲学《てつがく》や、宗教《しゅうきょう》や、芸術《げいじゅつ》を営《いとな》んで来《き》た。それでは自分自身《じぶんじしん》には、まだまだ不本意《ふほんい》ながら、まだまだ未到底《みとうてい》が残留《ざんりゅう》する事《こと》を承知《しょうち》しながらも、一応《いちおう》はその自己《じこ》の創造《そうぞう》に満足《まんぞく》せざるを得《え》なかった。『実践理性批判《じっせんりせいひはん》』を書《か》いたカントが“Es ist gut《エスイストグート》”「これでよし」と云《い》って死《し》んだが、果《は》たしてそれで本当《ほんとう》にgut《グート》であっただろうか、そのgut《グート》は、彼《かれ》の見識《けんしき》が到達《とうたつ》し得《え》る範囲内《はんいない》でのgut《グート》ではなかっただろうか。日本人《にほんじん》で云《い》うならば、筆者《ひっしゃ》が学《まな》んで来《き》た先覚《せんかく》、夏目漱石《なつめそうせき》も、西田幾多郎《にしだきたろう》も、武者小路実篤《むしゃのこうじさねあつ》も、川端康成《かわばたやすなり》も、柳宗悦《やなぎむねよし》も、澤木興道《さわきこうどう》も、何《いず》れも此処《ここ》まで到達《とうたつ》し得《え》た人達《ひとたち》であった。

筆者《ひっしゃ》が二十一《にじゅういち》、二十二才《にじゅうにさい》の間《あいだ》師事《しじ》して、「おひかり」の存在《そんざい》を教《おし》えて頂《いただ》いた一燈園《いっとうえん》の西田天香師《にしだてんこうし》は九十才《きゅうじゅっさい》で先年《せんねん》みまかった。その生涯《しょうがい》を通《つう》じて、便所掃除《べんじょそうじ》の常不軽《じょうふきょう》菩薩行《ぼさつぎょう》を、ひたすら行《ぎょう》じ続《つづ》けた近代《きんだい》の日本《にほん》で第一位《だいいちい》の純粋《じゅんすい》な行者《ぎょうじゃ》であったが、晩年《ばんねん》の機関誌《きかんし》『光《ひかり》』に「人間《にんげん》の知慧《ちえ》に決《き》め手《て》がない」ことを嘆《なげ》いて居《い》た。お孫《まご》さんの当主《とうしゅ》西田武氏《にしだたけしし》に毎月《まいつき》パンフレットを送《おく》って、決《き》め手《て》は言霊五十音《げんれいごじゅうおん》であることを紹介《しょうかい》して来《き》た。いずれそのうちに、再《ふたた》び縁《えん》が結《むす》ばれる時《とき》が来《く》るだろう。

この時《とき》、法華経《ほけきょう》はそうした個人《こじん》だけの範囲《はんい》の魂《たましい》の安心《あんじん》、解放《かいほう》の境涯《きょうがい》に満足《まんぞく》して居《い》てはいけない。本当《ほんとう》の生命《せいめい》の真理《しんり》は、更《さら》にそのもっと先《さき》に有《あ》るのだから、僉々勇猛心《せんせんゆうもうしん》を奮《ふる》って、仏《ほとけ》の正覚《しょうがく》の真諦《しんたい》、「仏所護念《ぶっしょごねん》」である摩尼宝珠《まにほうじゅ》を開拓《かいたく》しなければならぬと訓《おし》えて呉《く》れる。すなわち化城喩品《けじょうゆほん》である。仏陀《ぶっだ》の正覚《しょうがく》の真諦《しんたい》から観《み》れば、従来《じゅうらい》の禅的《ぜんてき》な空相《くうそう》や実相《じっそう》の悟《さと》りも、浄土真宗《じょうどしんしゅう》の信心決定《しんじんけつじょう》（正定聚《しょうじょうじゅ》）も、キリスト教《きょう》の魂《たましい》の復活《ふっかつ》も、すべて道《みち》の途中《とちゅう》に於《お》いて体得《たいとく》される幻《まぼろし》の城《しろ》（化城《けじょう》）に他《ほか》ならない。然《しか》しその幻《まぼろし》の城《しろ》のもっと先《さき》にある、本当《ほんとう》の仏《ほとけ》の真諦《しんたい》、菩提《ぼだい》の本体《ほんたい》、摩尼《まに》の実体《じったい》は何《なん》であるか、大衆《たいしゅう》が三《さん》度《ど》その教《おし》えを乞《こ》うたが、釈尊《しゃくそん》は黙《もく》して説《と》かなかった（方便品《ほうべんぼん》）。ヘーゲルの精神現象学《せいしんげんしょうがく》では、主客未剖《しゅかくみぼう》の混沌《こんとん》からシャーマニズムの境涯《きょうがい》までを an-sich《アン ズイッヒ》 と云《い》い、主客一致《しゅかくいっち》の世《せ》界《かい》を an《アン》 und《ウント》 für《フユア》-sich《ズイツヒ》（bei《バイ》-sich《ズイツヒ》）と名付《なづ》けて居《い》る。その bei《バイ》-sich《ズイツヒ》 の境涯《きょうがい》で説《と》いたヘーゲル哲学《てつがく》は、ヘーゲル自身《じしん》の哲学《てつがく》であって、そのままでは普遍《ふへん》のロゴスではない。

言《げん》霊《れい》布《ふ》斗《と》麻《ま》邇《に》の開《かい》顕《けん》

生命開顕第三段《せいめいかいけんだいさんだん》の修業《しゅぎょう》は、釈尊《しゃくそん》の時以来《ときいらい》、伏《ふ》せられたままになっている。それは、更《さら》には、モーゼも、イエスも、マホメットも、乃至《ないし》は、老子《ろうし》も、孔子《こうし》も、その存在《そんざい》を指示《しじ》するのみで、実際《じっさい》には説《と》かなかった摩尼宝珠《まにほうじゅ》、すなわち言霊《げんれい》の体得開顕《たいとくかいけん》の努力《どりょく》である。仏教《ぶっきょう》も、ユダヤ教《きょう》も、キリスト教《きょう》も、老子《ろうし》と孔子《こうし》も、各々別箇《おのおのべっこ》に発生《はっせい》した宗教《しゅうきょう》ではない。何《いず》れも、言霊布斗麻邇《げんれいふとまに》を夫々《それぞれ》パラフレーズしたものである。仏教《ぶっきょう》の摩《ま》尼《に》は、モーゼが説《と》いたManna《マンナ》「神《かみ》の口《くち》より出《い》づる言葉《ことば》」であり、イエスが説《と》いた「天《てん》にいます父《ちち》の名《な》」は、言霊《げんれい》の父韻《ふいん》である。儒教《じゅきょう》の易《えき》で云《い》うなら、八卦《はっけ》、五行三十二卦《ごぎょうさんじゅうにけ》は、言霊《げんれい》の父韻母音子音《ふいんぼいんしいん》の数的解説《かずてきかいせつ》である。仏教《ぶっきょう》、ユダヤ教《きょう》、キリスト教《きょう》、儒教《じゅきょう》が、人類《じんるい》に指示《しじ》して呉《く》れる目標《もくひょう》は、全世界唯一共通《ぜんせかいゆいいつきょうつう》の言霊布斗麻邇《げんれいふとまに》であって、それは最《もっと》も内奥《ないおう》に位《くらい》する生命《せいめい》の立法《りっぽう》（掟《おきて》）である。幸《さいわ》いにして、日本《にほん》には麻邇《まに》を説《と》いた呪文《じゅもん》として古事記《こじき》、日本書紀《にほんしょき》があり、言霊《げんれい》の曼荼羅《マンダラ》として、アイウエオ五十音図《ごじゅうおんず》のうちの天津《あまつ》金木音図《かなぎおんず》が普《あまね》く伝《つた》えられて居《お》り、その意義《いぎ》は知《し》らなくとも、形《かたち》だけは小学校《しょうがっこう》で教《おし》えられて居《い》る。斯《か》くして、仏教典法華経《ぶつきょうてんほけきょう》、ユダヤ教典《きょうてん》（旧約聖書《きゅうやくせいしょ》）、キリスト教典《きょうてん》（新《しん》約聖書《やくせいしょ》）、儒教典《じゅきょうてん》（易経《えききょう》・繋辞伝《けいじでん》）、コーラン等《など》の比喩《ひゆ》、黙示《もくし》、呪文《じゅもん》、数理《すうり》を参考《さんこう》にしながら、五十音《ごじゅうおん》の麻邇《まに》を開顕《かいけん》することが、日本人《にほんじん》のみならず人類全体《じんるいぜんたい》が、正覚《しょうがく》の仏陀《ぶつだ》、救世主《きゅうせいしゅ》となる最後《さいご》の第三段階《だいさんだんかい》の修練《しゅうれん》である。

広大無辺《こうだいむへん》の生命宇宙《せいめいうちゅう》は、実在《じつざい》としてウオアエイ五段階《ごだんかい》の次元《じげん》の畳《たた》なわりに構成《こうせい》されて居《い》る。この五母音《ごぼいん》は、五千年《ごせんねん》の昔《むかし》、既《すで》に普《あまね》く世界《せかい》に教伝《きょうでん》されて居《い》た所《ところ》で、欧州《おうしゅう》では五《いつ》つの要素《エレメント》、或《ある》いは五大天使《ごだいてんし》（ガブリエル、ウリエル、ラファエル、ミカエル、ルシファー）として知《し》られて居《い》る。印度《インド》では地水風火空《ちすいふうかくう》の五大要素《ごだいようそ》として、中国《ちゅうごく》では木火《もくか》土金水《どごんすい》の五行《ごぎょう》として知《し》られ、易《えき》の根底《こんてい》をなして居《い》る。エジプトやメキシコ（マヤ）では、五段階《ごだんかい》のピラミッド、ジグラート、或《ある》いはオベリスクとして、大規模《だいきぼ》な遺跡《いせき》が数《すう》千年間《せんねんかん》伝《つた》えられて居《い》る。印度《インド》や中央《ちゅうおう》アジアのパゴダも、五大《ごだい》の黙示《もくし》である。

生命宇宙《せいめいうちゅう》が、五段階《ごだんかい》の次元《じげん》の積《つ》み重《かさ》なりであることは、業縁《ごうえん》から解放《かいほう》されて神《かみ》の嬰児《えいじ》としての自由《じゆう》を獲得《かくとく》した初地《しょじ》の仏陀《ぶつだ》の瞑想《めいそう》によって、比較的容易《ひかくてきようい》に体得自証《たいとくじしょう》される。此《こ》の五大五行《ごだいごぎょう》の体質自認《たいしつじにん》が、初地《しょじ》の辟支仏《びゃくしぶつ》が、正覚《しょうがく》の仏陀《ぶつだ》、救世主《きゅうせいしゅ》に向上《こうじょう》する菩薩行《ぼさつぎょう》の第一歩《だいいっぽ》である。禅《ぜん》では、倶胝《ぐてい》が一指《いっし》を堅《た》てて、これを示《しめ》した。筆者《ひっしゃ》が若《わか》い頃《ころ》、シャーマニズムの運動《うんどう》をして居《い》た時《とき》の同行《どうこう》であった鍼灸医《しんきゅうい》の澤田健氏《さわだけんし》は、漢方医学《かんぼういがく》の上《うえ》から身体《しんたい》の木火土金水《もくかどごんすい》（五臓五腑《ごぞうごぷ》）の操作《そうさ》に精通《せいつう》し名人《めいじん》と云《い》われて居《い》た。筆者《ひっしゃ》は、アイウエオの内臓的意義《ないぞうてきいぎ》を、同氏《どうし》のヒントによって理解《りかい》することを得《え》た。

五《いつ》つの母音《ぼいん》は、雌蕊《めしべ》であり、子房《しぼう》である。八《やっ》つの父韻《ふいん》は、雄蕊《おしべ》であり、花粉《かふん》である。父韻《ふいん》は、生命意志《せいめいいし》の基本原律《きほんげんりつ》であり、万有《ばんゆう》の色相《しきそう》の原色《げんしょく》である。知性認識《ちせいにんしき》、感情認識《かんじょうにんしき》の世界《せかい》を、更《さら》に遡《さかのぼ》ったところに生命意志《せいめいいし》の世界《せかい》が存在《そんざい》する。八父韻《はちふいん》は、生命《せいめい》意志《いし》の始原《しげん》の発露《はつろ》である。この意志《いし》に催《もよお》されて、知性《ちせい》や感情《かんじょう》が眼《め》を覚《さ》まし、生命《せいめい》の息吹《いぶき》を始《はじ》める。感情《かんじょう》や知性《ちせい》によって、意志《いし》が左右《さゆう》されることは倒逆《とうぎゃく》であり、顛倒夢想《てんとうむそう》である。八父韻《はちふいん》は、創造《そうぞう》する生命意志《せいめいいし》が文明《ぶんめい》を発祥《はっしょう》する淵源《えんげん》であって、意志言霊《いしげんれい》イは、他《た》の四《よっ》つのアエオウの知性感情《ちせいかんじょう》には従属《じゅうぞく》しない（無門関《むもんかん》 第十六則《だいじゅうろくそく》「鐘声七条《しょうせいしちじょう》」参照《さんしょう》）。イは最高《さいこう》であり、最奥《さいおう》に位《くらい》する。日蓮《にちれん》は、イ言霊《げんれい》に、普門品《ふもんぼん》の無尽意菩薩《むじんにぼさつ》を当《あ》てた（御義口伝《おんぎくでん》）。無尽意《むじんに》とは、無限《むげん》に発露《はつろ》して尽《つ》きない生命意志《せいめいいし》であり、生命《せいめい》の真清水《ましみず》と云《い》う。この清水《しみず》が湧《わ》く所《ところ》が、イ（井《い》）water head《ウオーター ヘッド》である。イの構造《こうぞう》（八卦《はっけ》）を、国之常立神《くにのとこたちのかみ》と云《い》う。

雌蕊《めしべ》（子房《しぼう》）が、雄蕊《おしべ》（花粉《かふん》）の生命発現《せいめいはつげん》の力《ちから》を宿《やど》して、子房《しぼう》が育《そだ》って種子《しゅし》となる。母音《ぼいん》と父韻《ふいん》が結合《けつごう》して、子音《しいん》が生《う》まれる。一旦《いったん》生《う》まれた子音《しいん》は、父韻《ふいん》の性《せい》と母音《ぼいん》の体《たい》とを継承《けいしょう》しているが、然《しか》し子音《しいん》は父韻《ふいん》でも母音《ぼいん》でもない。Tと云《い》う子音《しいん》は、T×Aでもなく、T＋Aでもない。それ自身独立《じしんどくりつ》した存在《そんざい》であり、その機能《きのう》は創造《そうぞう》する生命意志発現《せいめいいしはつげん》の実際《じっさい》の動向《どうこう》、性状《せいじょう》を決定指向《けっていしこう》する。タと生《う》まれ出《で》た言霊子音《げんれいしいん》は、Tでもなければ Aでもない。タと発声《はっせい》した瞬間《しゅんかん》に、Tと云《い》う父韻《ふいん》は、Aに吸収《きゅうしゅう》（受胎《じゅたい》）されて、その後《ご》Aと云《い》う母音《ぼいん》だけが長《なが》く続《つづ》いて行《い》くが、その連続《れんぞく》するAは、決《けっ》して

Aだけではなくて、何時《いつ》までもタである。Tを吸収《きゅうしゅう》しないAは、無精卵《むせいらん》であって生長《せいちょう》しない。すなわち文明《ぶんめい》を創造《そうぞう》することがない。子音《しいん》タは、タと云《い》う生命意志《せいめいいし》の趣《おもむ》く方《ほう》向《こう》を恒常《こうじょう》に指示《しじ》し、限局《げんきょく》するその意志《いし》の性状《せいじょう》の因子《いんし》、単元《たんげん》、原素《げんそ》、粒子《りゅうし》である。タと云《い》う子音《しいん》は、タと云《い》う意志《いし》活動《かつどう》を何処《どこ》までも規定《きてい》して行《い》き、決《けつ》して、カにもフにもならない。「人生《じんせい》は金儲《かねもう》けなり」と云《い》う方向《ほうこう》に、その人《ひと》の子音《しいん》（意志《いし》）が出《で》て来《き》たら、それが反省《はんせい》される時《とき》が来《く》るまでは一生《いっしょう》の運命《うんめい》を規定《きてい》する。

八《やっ》つの父韻《ふいん》、四《よっ》つの母音《ぼいん》の結合《けつごう》である三十二《さんじゅうに》の子音《しいん》が、各々《おのおの》他《た》の子音《しいん》と調和《ちょうわ》を保《たも》ちつつ活動《かつどう》する時《とき》、世界《せかい》に真《しん》、善《ぜん》、美《び》が生《う》まれ、他《た》の子音《しいん》と調和《ハーモニー》し得《え》ない時《とき》、偽《ぎ》、悪《あく》、醜《しゅう》を生《しょう》じる。三十二子音《さんじゅうにしいん》の、何《いず》れかの一《ひと》つか二《ふた》つか三《みっ》つに拘泥《こうでい》し、繋縛《けばく》されて自由無《じゆうむ》礙《げ》な調和《ちょうわ》ある創造《そうぞう》が不可能《ふかのう》になった状態《じょうたい》を業縁《カルマ》と云《い》う。故《ゆえ》に業縁《カルマ》とは、また子音発現《しいんはつげん》の一局面《いちきょくめん》である。この事《こと》を「煩悩即菩提《ぼんのうそくぼだい》」と云《い》う。創造《そうぞう》する人間《にんげん》の生命意志《せいめいいし》は、先《せん》天《てん》である五母音《ごぼいん》、八父韻《はちふいん》の結合《けつごう》、結婚《けっこん》（みとのまぐわい）によって生《う》まれた、三十二《さんじゅうに》子音《しいん》として、三十二《さんじゅうに》の方向《ほうこう》（三十二卦《さんじゅうにけ》）に発動《はつどう》して行《い》く。天国《てんごく》、高天原《たかあまはら》は創造《そうぞう》する純粋《じゅんすい》の生命意志活動《せいめいいしかつどう》の世界《せかい》であって、父韻《ふいん》、母音《ぼいん》、三十二子音《さんじゅうにしいん》を以《もっ》て構成《こうせい》され、この時《とき》、子音《しいん》が天国《てんごく》（造物主《ぞうぶつしゅ》の宮殿《きゅうでん》、創造意志界《そうぞういしかい》）と地界《ちかい》（個々《ここ》の感情《かんじょう》、知性《ちせい》、現象《げんしょう》）との境界《きょうかい》を画《かく》して居《い》る。境界《きょうかい》の内側《うちがわ》の五十《ごじゅう》（四十五《よんじゅうご》）音《おん》が、「仏所護念《ぶつしょごねん》、一切諸仏《いっさいしょぶつ》所護念経《しょごねんきょう》」である。

以上《いじょう》で、天国《てんごく》、高天原《たかあまはら》の言霊布斗麻邇《げんれいふとまに》の世界《せかい》の内景《ないけい》と、其処《そこ》に到達《とうたつ》する修練《しゅうれん》の過程《かてい》を説《と》いた。この過程《かてい》のうちの、第一《だいいち》の初歩《しょほ》の霊能《れいのう》（シャーマニズム）と、第二《だいに》の仏教《ぶっきょう》の諸法空相《しょほうくうそう》、諸法実相《しょほうじっそう》の悟《さと》り、キリスト教《きょう》の聖潔《きよめ》の体得《たいとく》のところまでは、今日《こんにち》まで両教《りょうきょう》はじめ、その他《た》の宗教《しゅうきょう》、芸術《げいじゅつ》、哲学《てつがく》の世界《せかい》で修練《しゅうれん》され、説教《せっきょう》され、理論化《りろんか》されて来《き》たところであるが、第三《だいさん》の言霊布斗麻邇《げんれいふとまに》、生命意志界《せいめいいしかい》に入《はい》る修業《しゅぎょう》と、その内景《ないけい》とは三千《さんぜん》年来《ねんらい》、嘗《かつ》て説《と》かれたことがない。またその世界《せかい》への修練《しゅうれん》は、嘗《かつ》て企《くわだ》てられたことがない。その世界《せかい》へは、個人《こじん》の主観的努力《しゅかんてきどりょく》では感情《かんじょう》を以《もっ》てしても、知慧《ちえ》を以《もっ》てしても、入《はい》ることを得《え》ない。

「我《わ》れ聞《き》く天台山《てんだいざん》　山中《さんちゅう》に琪樹《きじゅ》（生命《いのち》の樹《き》、知識《ちしき》の樹《き》。王《おう》は玉《たま》。其《それ》は幵（鳥居《とりい》）

の象形《しょうけい》、方形《ほうけい》の五十音図《ごじゅうおんず》のこと）ありと　永《ひさ》言《し》く之《これ》を攀《たお》らんと欲《ほっ》するも　石橋《せききょう》（此岸《しがん》から生命《せいめい》の彼岸《ひがん》に渡《わた》る橋《はし》。エホバが描《えが》く「虹《にじ》」の橋《はし》。父韻《ふいん》、子音《しいん》）の路《みち》を暁《さと》る莫《な》し　此《これ》に縁《よ》って悲嘆《ひたん》を生《しょう》じ　幸居《こうきょ》して将《まさ》に已《すで》に暮《く》れなんとす　今日《こんにち》　鏡《かがみ》の中《うち》を観《み》れば　颯颯《さつさつ》として鬢《びん》は素《そ》（白糸《しらいと》）を垂《た》る」（寒山詩《かんざんし》）。

中国《ちゅうごく》第一《だいいち》の聖僧《しょうそう》である寒山《かんざん》にして、この歎《なげ》きがあった。逆《ぎゃく》に第一《だいいち》の聖僧《しょうそう》であったからこそ、此《こ》の歎《なげ》きがあったのである。自己《じこ》の未到底《みとうてい》に気《き》が付《つ》いたのである。無門関《むもんかん》の祖《そ》師《し》達《たち》は空相実相《くうそうじつそう》に嘯《うそぶ》き、碧巌《へきがん》の彼等《かれら》は芸術観《げいじゅつかん》を流《なが》れて遊《あそ》んで居《い》ただけである。

創造《そうぞう》する純粋自由意志《じゅんすいじゆういし》の世界《せかい》には、唯心唯識《ゆいしんゆいしき》であろうと、唯物《ゆいぶつ》であろうと、認識論《にんしきろん》的哲学《てきてつがく》を以《もっ》てしては入《はい》る事《こと》を得《え》ない。また芸術《げいじゅつ》は前述《ぜんじゅつ》の如《ごと》く、一局部《いちきょくぶ》の表現《ひょうげん》であるから全局《ぜんきょく》を示《しめ》し得《え》ない。認識《にんしき》（論《ろん》）は、生命《せいめい》の創造《そうぞう》（造物主《ぞうぶつしゅ》）の所産《しょさん》である。その所《しょ》産《さん》である認識《にんしき》を、如何様《いかよう》にひねくり廻《ま》わしても、その認識《にんしき》を生《う》む者《もの》である造物主《ぞうぶつしゅ》（神《しん》仏《ぶつ》）自体《じたい》の境域《きょういき》には到達《とうたつ》し得《え》ない。晩近《ばんきん》のハイデッガーの哲学《てつがく》では、「実存《エグジステンス》は言葉《ことば》なり」とまでは説《と》いて居《い》たが、その言《い》うところの言葉《ことば》は日常《にちじょう》の言語《げんご》である。日常《にちじょう》の言語《げんご》は創造《そうぞう》の所産《しょさん》であって、創造《そうぞう》の主体《しゅたい》である摩尼《まに》（如意《にょい》）ではない。今日《こんにち》までの哲学《てつがく》も、宗教《しゅうきょう》も、生《う》み出《だ》されたものの開明《かいめい》であって、産《う》み出《だ》す者《もの》の哲学《てつがく》、宗教《しゅうきょう》ではない。

然《しか》らば、如何《いか》にしたならば、第三段階《だいさんだんかい》の創造《そうぞう》の主体《しゅたい》である麻邇《まに》の世界《せかい》に入《はい》ることを得《え》るかと云《い》うと、神《かみ》（生命《せいめい》）の律法《りっぽう》として与《あた》えられた、日本人《にほんじん》ならば誰《だれ》でもが小学校一年《しょうがくこういちねん》の時《とき》、既《すで》に教《おし》えられたアイウエオ五十音《ごじゅうおん》（図《ず》）を鏡《かがみ》とし、仏教《ぶっきょう》、聖書《せいしょ》、儒教《じゅきょう》の古典《こてん》並《なら》びにその後《のち》の哲学《てつがく》、宗教《しゅうきょう》の先覚者達《せんかくしゃたち》の夫々《それぞれ》の教《おし》えを参照《さんしょう》として、みずから工夫《くふう》し一《ひと》つ一《ひと》つ体得《たいとく》して行《い》くことである。生命意志《せいめいいし》（神《かみ》）の最奥《さいおう》の原律《げんりつ》は、五母音《ごぼいん》、八父韻《はちふいん》、三十二子音《さんじゅうにしいん》に展開《てんかい》して居《い》る。易《えき》では、数的《かずてき》に子音《しいん》（象《しょう》）を六十四卦《ろくじゅうよんけ》、百二十八卦《ひゃくにじゅうはっけ》と弁証法的《べんしょうほうてき》に拡《ひろ》げて行《い》くが、先天《せんてん》である父韻母音《ふいんぼいん》（五行《ごぎょう》、八卦《はっけ》）から直接《ちょくせつ》に発現《はつげん》した象《しょう》の基本数《きほんすう》は三十二《さんじゅうに》である。一組《ひとくみ》の人間《にんげん》の夫婦《ふうふ》が一生《いっしょう》の間《あいだ》に産《う》み得《え》る子供《こども》の数《かず》は、究極的《きゅうきょくてき》には三十二人《さんじゅうににん》であり、また小学校《しょうがっこう》で一人《ひとり》の教師《きょうし》が担当《たんとう》し得《え》る一組《ひとくみ》の児童数《じどうすう》は、三十二人《さんじゅうににん》が限界《げんかい》である。それ以上《いじょう》になると「落《お》ちこぼれ」が出来《でき》る。言霊《げんれい》「言《こと》の葉《は》の誠《まこと》の道《みち》」、すなわち敷島《しきしま》の道《みち》の修練《しゅうれん》である和歌《わか》は、一《ひと》つ減《へ》らした三十一《さんじゅういち》文字《もじ》に綴《つづ》られる。最後《さいご》の一字《いちじ》は、言葉《ことば》に現《あら》わさない作者自身《さくしゃじしん》の境地《きょうち》である。

むすび

以上《いじょう》で、人間霊魂生長《にんげんれいこんせいちょう》を三段階《さんだんかい》、（一《いち》）シャーマニズム、（二《に》）宗教的《しゅうきょうてき》な悟《さと》り、（三《さん》）言霊布斗麻邇《げんれいふとまに》（摩尼宝珠《まにほうじゅ》）に分《わ》けて説《と》いた。この三《みっ》つは、夫々《それぞれ》の魂《たましい》の領域《りょういき》ではない。魂《たましい》には斯《こ》うした三《みっ》つの部分《ぶぶん》が有《あ》る、と云《い》う事《こと》ではない。部分《ぶぶん》ではなくて、心魂《しんこん》の発達《はったつ》、生長《せいちょう》の段階《だんかい》であり、順序《じゅんじょ》であり、五重塔《ごじゅうのとう》ウオアエイを行《ぎょう》の上《うえ》から説《と》いたわけである。平面的《へいめんてき》な領域《りょういき》と、立体的《りったいてき》な次元的段階《じげんてきだんかい》を、混同《こんどう》して考《かんが》えてはならぬ。一《ひと》つの領域《りょういき》、一《ひと》つの次元《じげん》内《ない》で、その領域《りょういき》を拡張《かくちょう》する事《こと》は、必《かなら》ずしも精神《せいしん》の向上《こうじょう》ではない。無門関《むもんかん》の一《ひと》つの公案《こうあん》が解《と》けたら、間《ま》もなく全部《ぜんぶ》の公案《こうあん》が理解《りかい》される。畢竟《ひっきょう》、その四十八則《しじゅうはっそく》の公案《こうあん》は、たった一《ひと》つの公案《こうあん》に帰結《きけつ》する。四十八則《しじゅうはっそく》は、その一《ひと》つの公案《こうあん》の夫々《それぞれ》の局面《きょくめん》である。シャーマニズムの世《せ》界《かい》に於《お》いても同様《どうよう》であって、一《ひと》つの霊覚《れいかく》に気《き》が付《つ》くと、それからそれへと霊感《れいかん》の領域《りょういき》が発《はっ》展《てん》して行《い》く。然《しか》し発展《はってん》して行《い》っても、結局《けっきょく》は一《ひと》つのシャーマニズムの境涯《きょうがい》を出《で》ることがない。それが魂《たましい》の向上《こうじょう》の段階《だんかい》を登《のぼ》ることにはならぬ。シャーマニズムに満足《まんぞく》して、得意《とくい》になって居《い》てはいけない。諸法空相実相《しょほうくうそうじっそう》の悟《さと》りだけに、止《とど》まって居《い》てはいけない。人類文明究極《じんるいぶんめいきゅうきょく》の奥義《おうぎ》は、言霊布斗麻邇《げんれいふとまに》である。

神道言霊布斗麻邇《しんとうげんれいふとまに》は、客体《きゃくたい》を操作《そうさ》することによって、人間世界《にんげんせかい》を操縦《そうじゅう》して行《い》こうと云《い》う法《ほう》ではない。すなわち物的《ぶってき》な金力《きんりょく》や、武力《ぶりょく》の権力《けんりょく》や、霊的《れいてき》な人心操縦《じんしんそうじゅう》の魔力《まりょく》を利用《りよう》することによって、或《あ》る特殊《とくしゅ》な自己《じこ》が、人《ひと》の上《うえ》に立《た》って主権《しゅけん》を把握《はあく》しようと云《い》う方法《ほうほう》ではない。その特殊《とくしゅ》な自己《じこ》は、自己《じこ》が、すなわち自己本来《じこほんらい》の生命意志《せいめいいし》が何《なん》であるかを自識《じしき》することがない。斯《かく》の如《ごと》き方法《ほうほう》を、神産巣日《かみむすび》の道《みち》と云《い》う。巷間《ちまた》の易者《えきしゃ》が客体《きゃくたい》、客観世界《きゃっかんせかい》の状態《じょうたい》、動向《どうこう》を経験的《けいけんてき》、抽象的《ちゅうしょうてき》コンピューター式《しき》に判断《はんだん》して吉凶《きっきょう》を占《うらな》ったり、六韜三略《りくとうさんりゃく》の兵法《へいほう》を用《もち》いたり、未熟《みじゅく》な人《ひと》の潜在意識《せんざいいしき》に付《つ》け入《い》る魔法《ソーサリー》を使《つか》ったりして、自己《じこ》の現実的存在領域《げんじつてきそんざいりょういき》を拡大《かくだい》して行《い》こうと云《い》う覇者《はしゃ》、王者《おうじゃ》、権力者《けんりょくしゃ》の方法《ほうほう》が、神産巣日《かみむすび》である。モーゼは、その十戒《じっかい》の最後《さいご》の章《しょう》で、これ等《ら》の易占《えきせん》や、巫女《みこ》の口《くち》よせによって、魂《たましい》を穢《けが》すことを厳《きび》しく禁《きん》じている（旧約《きゅうやく》レビ記《き》）。人間《にんげん》は神《かみ》の子《こ》であり、その宇宙《うちゅう》の主体《しゅたい》の神《かみ》みずからであるからである。神道《しんとう》の大祓祝詞《おほはらいのりと》にも「蠱物《まじもの》せる罪《つみ》」として呪術《じゅじゅつ》、巫術《ふじゅつ》、占術《せんじゅつ》を厳《きび》しく戒《いまし》めて居《い》る。モーゼの十戒《じっかい》と同一《どういつ》である。古代《こだい》に於《お》ける日本《にほん》と世《せ》界諸国家《かいしょこっか》、民族《みんぞく》との文化的《ぶんかてき》、歴史的関係《れきしてきかんけい》に就《つ》いては、拙著《せっちょ》の『大祓祝詞解義《おほはらいのりとかいぎ》』その他《た》の冊子《さっし》で屢々《しばしば》述《の》べて来《き》た。古代神代《こだいかみよ》に於《お》いて、日本《にほん》と全世界《ぜんせかい》の国家民族《こっかみんぞく》との関係《かんけい》は極《きわ》めて緊密《きんみつ》であった。

コトタマを習得《しゅうとく》したかったら、何《なに》よりも先《ま》ず日本《にほん》へ来《き》て、外国人《がいこくじん》ならば、先《ま》ず日本語《にほんご》の習得《しゅうとく》から始《はじ》めて、第三文明会《だいさんぶんめいかい》に就《つ》いて五年《ごねん》なり十年《じゅうねん》なりをみっちりと「参《さん》」じることである。欧米《おうべい》に居《い》て、拙著《せっちょ》の英語訳《えいごやく》の一《いち》、二《に》を手《て》にして鬼《おに》の首《くび》を取《と》った様《よう》な気《き》になって、これに自分《じぶん》の見解《けんかい》や欧米《おうべい》の学説《がくせつ》や科学《かがく》を交《ま》ぜ合《あ》わせて「コトタマ」なりとして売《う》り出《だ》して、金儲《かねもう》けと人寄《ひとよ》せをやって居《い》る連中《れんちゅう》が色々《いろいろ》居《い》るが、何《いず》れも上辿《うわたど》りのものであって、真髄《しんずい》に触《ふ》れて居《い》ない、無理解者《むりかいしゃ》、不理解者《ふりかいしゃ》、犠牲者《ぎせいしゃ》のみを養成《ようせい》して居《い》る。前述《ぜんじゅつ》した（一《いち》）シャーマニズム、（二《に》）実相空相《じっそうくうそう》の揚棄《ようき》、（三《さん》）生命意志《せいめいいし》の律法《りっぽう》としての麻《ま》邇《に》の体得《たいとく》が出来《でき》て居《い》ないからである。

その昔《むかし》、モーゼも、マホメットも、シルクロードの長《なが》い苦《くる》しい駱駝《ラクダ》の旅《たび》を続《つづ》けて日本《にほん》へ来《き》た。釈迦《しやか》も、イエスも、印度洋《インドよう》と東支那海《ひがしシナかい》の船旅《ふなたび》を経《へ》て日本《にほん》へ来《き》た。モーゼの十戒《じつかい》と、大祓祝詞《おほはらいのりと》が同《おな》じであることは偶然《ぐうぜん》の一致《いつち》ではない。彼《かれ》は、日本《にほん》で神道《しんとう》の教典《きようてん》の一《ひと》つである大祓《おほはらい》を学《まな》んで、彼《か》の地《ち》でそれを説法《せつぽう》したものである。彼等《かれら》は、いずれも日本《にほん》の大和言葉《やまとことば》を学《まな》び、コトタマを習得《しゆうとく》して、神代天皇《かみよすめらみこと》の允可《いんか》を得《え》て故国《ここく》に帰《かえ》り、夫々民《それぞれみん》族《ぞく》の宗教《しゆうきよう》に布衍《ふえん》して啓蒙《けいもう》に従事《じゆうじ》した。その後《のち》、モーゼと、釈迦《しやか》と、イエスは、再《ふた》び日《に》本《ほん》に帰《かえ》って来《き》て、晩年《ばんねん》を日本《にほん》で過《す》ごした。その墳墓《ふんぼ》の所在《しよざい》が、今日《こんにち》まで日本《にほん》に伝《つた》えられて居《い》る。マホメットは帰《かえ》って来《こ》なかった。彼《かれ》は印度《インド》や欧州遠征《おうしゆうえんせい》に忙《いそが》しかった。その後《のち》、世界《せかい》を旅行《りよこう》した者《もの》は、三蔵法師《さんぞうほうし》がヒマラヤを越《こ》えた印度《インド》への旅行《りよこう》、シンドバッドの航海《こうかい》、近《ちか》くはマルコポーロの中国《ちゆうごく》（元《げん》）訪問等《ほうもんなど》の記録《きろく》が伝《つた》えられて居《い》るが、モーゼや釈迦《しやか》の旅《りよ》行《こう》は、彼等《かれら》より更《さら》に遠《とお》い昔《むかし》の不便極《ふべんきわ》まる旅程《りよてい》であった。道《みち》を求《もと》める者《もの》は、遠《とお》きを嫌《きら》うことがない。

現代《げんだい》の世界交通《せかいこうつう》は至便《しべん》である。米国《べいこく》からは一日《いちにち》、欧州《おうしゅう》からは二日《ふつか》の旅《たび》に過《す》ぎない。飛行機《ひこうき》の費用《ひよう》がないからと、太平洋航路《たいへいようこうろ》の貨物船《かもつせん》で皿洗《さらあら》いをし乍《なが》ら訪《たず》ねて来《き》た、所謂《いわゆる》ヒッピーの青年《せいねん》が幾人《いくにん》かあった。日本《にほん》へ来《く》ることを尻込《しりご》みし、日本語《にほんご》を学《まな》ぶことを怠《おこた》ったら、コトタマは決《けっ》してその人《ひと》のものにならない。筆者《ひっしゃ》が英語《えいご》で言霊《げんれい》に就《つ》き書《か》き説《と》いても、要領《ようりょう》を得《え》ることが殆《ほとん》ど不可能《ふかのう》に近《ちか》い。欧州語《おうしゅうご》の原型《げんけい》であるギリシャ語《ご》にも、ラテン語《ご》にも、ヘブライ語《ご》にも、言霊《げんれい》の原理《げんり》が含《ふく》まれて居《い》ない為《ため》だと思《おも》われる。欧米《おうべい》で筆《ひっ》者《しゃ》から聞《き》きかじった「コトタマ」を説《と》いて一儲《ひともう》けをし、信者《しんじゃ》を集《あつ》め、女性《じょせい》を弄《もてあそ》ぼうとする似非言霊家《えせげんれいか》が各所《かくしょ》に現《あら》われて来《き》た。

「偽預言者《にせよげんしゃ》に心《こころ》せよ、羊《ひつじ》の扮装《よそほひ》して来《きた》れども、内《うち》は奪《うば》ひ掠《かす》むる豹狼《おほかみ》なり。」（新約《しんやく》マタイ伝第七章《でんだいななしょう》）とイエスは夙《つと》に忠告《ちゅうこく》して居《い》る。それでも一応《いちおう》の一面《いちめん》の啓蒙宣伝《けいもうせんでん》にはなる事《こと》だから黙認《もくにん》して居《い》るが、彼等《かれら》は何《なに》よりも日本《にほん》の第三文明会《だいさんぶんめいかい》を恐《おそ》れて居《い》る。

モーゼ、釈迦《しゃか》、イエス、マホメット、並《なら》びに老子《ろうし》、孔子《こうし》等六名《らろくめい》の我等《われら》の偉大《いだい》な文明《ぶんめい》の先駆者《せんくしゃ》、予言者《よげんしゃ》の事業《じぎょう》を継承《けいしょう》して、その予言《よげん》を実現《じつげん》するためには、第三文明会《だいさんぶんめいかい》の言《げん》霊布斗麻邇《れいふとまに》による証明《しょうめい》と、これに則《のっと》って現在《げんざい》の人類文明《じんるいぶんめい》への活《はたら》きかけがなければならない。すなわち彼等《かれら》の予言《よげん》の内実《ないじつ》を、現実《げんじつ》に実行《じっこう》するに非《あら》ざれば、その予言《よげん》は虚構《きょこう》であり、架空《かくう》のものであったことに終《お》わり、彼等《かれら》は大嘘《おおうそ》つきであった事《こと》になる。それは天壌無窮《てんじょうむきゅう》、万世一系《ばんせいいっけい》の真理《しんり》の把持《はじ》、統御《とうぎょ》、転輪者《てんりんしゃ》と信《しん》じられて来《き》た日本《にほん》の皇位《こうい》が、その神性《しんせい》（神聖《ゴッドハイト》）を放棄《ほうき》した故《ゆえ》に、単《たん》なる儀礼的意味《ぎれいてきいみ》しか持《も》たぬ国民信仰《こくみんしんこう》の対象《たいしょう》としてのみの、実質《じっしつ》のない存在《そんざい》となったことと同《おな》じ結果《けっか》に終《お》わる。此《こ》の六名《ろくめい》の先駆者達《せんくしゃたち》の事業《じぎょう》に生命《せいめい》を与《あた》え、有終《ゆうしゅう》の美《び》をあらしめる責任者《せきにんしゃ》は第三文明会《だいさんぶんめいかい》である。

さて、右《みぎ》の神産巣日《かみむすび》の道《みち》に対《たい》して、言霊布斗麻邇《げんれいふとまに》の道《みち》を、天照大御神《あまてらすおほみかみ》、高御産巣日《たかみむすびの》神《かみ》の道《みち》にあっては、自覚《じかく》することを得《え》ない神《かみ》である人間《にんげん》の主体《しゅたい》、すなわち文明《ぶんめい》を創造《そうぞう》する生命意志《せいめいいし》の原理《げんり》を明《あき》らかに為《な》し得《え》て、この全世界《ぜんせかい》、全人類《ぜんじんるい》に共通普遍《きょうつうふへん》である人間《にんげん》自《じ》体《たい》の本性《ほんしょう》に立脚《りっきゃく》して、此《こ》の人間性《にんげんせい》の最《もっと》も内奥《ないおう》に位《くらい》する原理《げんり》を以《もっ》て、世界《せかい》に調和《ちょうわ》した文《ぶん》明《めい》を建設《けんせつ》して行《い》く道《みち》である。この道《みち》の原理《げんり》を組織《そしき》する要素《ようそ》を、音《おん》（言霊《げんれい》）として把《は》握表現《あくひょうげん》し、その音《おん》を組《く》み合《あわ》わせて全体《ぜんたい》の形態《けいたい》である曼荼羅《マンダラ》（音図《おんず》）として、更《さら》にその曼荼羅《マンダラ》の芸術《げいじゅつ》、宗教《しゅうきょう》、哲学的意義《てつがくてきいぎ》を概念《がいねん》を以《もっ》て解説《かいせつ》した論文《ろんぶん》が本書《ほんしょ》である。三千年来《さんぜんねんらい》、初《はじ》めて世界《せかい》に著《あら》わされた書《しょ》である。言霊布斗麻邇《げんれいふとまに》は、日本神道《にほんしんとう》の極意《ごくい》である。同時《どうじ》にモーゼ、釈迦《しゃか》、イエス、老子《ろうし》、孔子《こうし》、マホメット等《ら》の世界《せかい》の聖者達《せいじゃたち》が説《と》いて来《き》たすべての宗教《しゅうきょう》の道《みち》は、此《こ》の布斗麻邇《ふとまに》のための入門《にゅうもん》（プロレゴメナ）である。

キリスト紀元二千年《きげんにせんねん》が間《ま》もなく到来《とうらい》しようとする、今日《こんにち》一九八〇年《ねん》に当《あた》り、全世界《ぜんせかい》の経済的《けいざいてき》、軍事的葛藤紛糾《ぐんじてきかっとうふんきゅう》は、いよいよ劫末《ごうまつ》の混乱《こんらん》の極《きょく》に達《たっ》しようとして居《い》る。アラブ（イラン）と米国《べいこく》の石油戦争《せきゆせんそう》に端《たん》を発《はっ》した、回教《かいきょう》とユダヤ教《きょう》の歴史的《れきしてき》な紛争《ふんそう》、アラブ諸国《しょこく》とイスラエルとの局部的戦争《きょくぶてきせんそう》は、究極《きゅうきょく》するところマホメットの後裔達《こうえいたち》とユダヤ教《きょう》を率《ひき》いる覇王《はおう》ダビデの世界政策《せかいせいさく》（シオニズム）との正面衝突《しょうめんしょうとつ》である。この衝突《しょうとつ》が黙示《もくし》録《ろく》に予言《よげん》されて居《い》る、世界終末《せかいしゅうまつ》のハルマゲドンの戦争《せんそう》の端緒《たんしょ》ではなかろうかと云《い》うことが恐《おそ》れられて居《い》る。ハルマゲドンの野《の》は、架空《かくう》の地名《ちめい》であるが、それはアラビア半島《はんとう》の何処《どこ》かに有《あ》ると云《い》われて居《い》る。

このハルマゲドンの戦争《せんそう》を未然《みぜん》に終息《しゅうそく》することが、本書執筆出版《ほんしょしっぴつしゅっぱん》の目的《もくてき》でもある。

回教《かいきょう》は歴史《れきし》の途中《とちゅう》に発生《はっせい》した、対《たい》イスラエルの葛藤《かっとう》のすべてを自己清算《じこせいさん》して、教祖《きょうそ》マホメットに帰《かえ》り、マホメットは、その師《し》モーゼ（ムーサー）とイエス（イーサー）の教《おし》えの真相《しんそう》を明《あき》らかにして、新《あたら》しいコーランを編集《へんしゅう》しなければならない。ユダヤ教《きょう》も、またその歴史《れきし》の中途《ちゅうと》に於《お》ける覇王《はおう》ダビデの方法《ほうほう》である。カバラの哲学《てつがく》とシオニズムの政策《せいさく》を卒業《そつぎょう》し、客体《きゃくたい》、客観的《きゃっかんてき》、覇道的活用《はどうてきかつよう》を清算《せいさん》して、改《あらた》めて民族《みんぞく》の始祖《しそ》であるモーゼに帰《かえ》り、その教《おし》えの真義《しんぎ》を明《あき》らかにし、イスラエル民族《みんぞく》の真諦《しんたい》として、新《あたら》しい聖書《せいしょ》（ペンタチューク、トーラー）を世界《せかい》に開明《かいめい》しなければならない。この事《こと》は、キリスト教《きょう》に就《つ》いても同《おな》じことが云《い》える。元来《がんらい》、ユダヤの予言者《よげんしゃ》の一人《ひとり》、イエスが救世主《きゅうせいしゅ》であると云《い》うことは、弟子《でし》ペテロが創《つく》り上《あ》げた宗教的信仰《しゅうきょうてきしんこう》（カトリック）であって、釈迦《しゃか》が西方《さいほう》浄土《じょうど》の阿弥陀仏《あみだぶつ》の信仰《しんこう》を勧《すす》めたことと同《おな》じ、人心操作指導《じんしんそうさしどう》の方便《ほうべん》である。イエスは「天《てん》なる父《ちち》の御名《みな》」（言霊父韻《げんれいふいん》）を携《たずさ》えて、改《あらた》めて此《こ》の世《よ》に再臨《さいりん》した時《とき》、初《はじ》めて単《たん》なる信仰《しんこう》の対象《たいしょう》としてのみではない実際《じっさい》の救世主《きゅうせいしゅ》となる。また是等《これら》のことは、独《ひと》り宗教界《しゅうきょうかい》だけの問題《もんだい》ではない。千年《せんねん》に亙《わた》った、西洋哲学《せいようてつがく》、三千年《さんぜんねん》に及《およ》んだ印度《インド》哲学《てつがく》、四千年《よんせんねん》を経《へ》た中国《ちゅうごく》の哲学《てつがく》も、またすべて同様《どうよう》な出発《しゅつぱつ》、帰趨《きすう》の循環《じゅんかん》に帰《かえ》らなければならない。斯《こ》うした、新《あたら》しいコーラン、新《あたら》しい新旧約聖書《しんきゅうやくせいしょ》、新《あたら》しい法華経《ほけきょう》、新《あたら》しい哲学《てつがく》の内容《ないよう》は、「生命《せいめい》の光《ひかり》」であり、文明《ぶんめい》を創造《そうぞう》する生命意志《せいめいいし》の原理《げんり》である。此《こ》の上《うえ》なく簡単明瞭《かんたんめいりょう》な、言霊布斗麻邇五十音《げんれいふとまにごじゅうおん》である。

本書《ほんしょ》の内容《ないよう》を更《さら》に詳細《しょうさい》に望《のぞ》まれる向《む》きは、不完全《ふかんぜん》ながら既刊《きかん》の拙著《せつちょ》を参照《さんしょう》されたい。

『第三文明《だいさんぶんめい》への通路《つうろ》』（同英訳《どうえいやく》）　昭和三十九年《しょうわさんじゅうきゅうねん》
『言霊百神《げんれいひゃくしん》』（同英訳《どうえいやく》）　昭和四十四年《しょうわよんじゅうよねん》
『大祓祝詞講義《おほはらいのりとこうぎ》』　昭和四十五年《しょうわよんじゅうごねん》
『世界維新《せかいいしん》への進発《しんぱつ》』　昭和五十年《しょうわごじゅうねん》
『言霊精義《げんれいせいぎ》』　昭和五十二年《しょうわごじゅうにねん》

『無《む》門《もん》関《かん》解《かい》義《ぎ》』 昭和四十二年《しょうわよんじゅうにねん》（未《み》刊《かん》）

『歎《たん》異《に》抄《しょう》講《こう》義《ぎ》』 昭和四十三年《しょうわよんじゅうさんねん》（未《み》刊《かん》）

『言《げん》霊《れい》開《かい》眼《がん》』

昭和五十五年《しょうわごじゅうごねん》 発行《はっこう》

著者《ちょしゃ》 小笠原《おがさわら》 孝次《こうじ》

巻《かん》末《まつ》

小笠原孝次氏が七沢賢治に託した言霊学の未来

大野靖志

これまで、『言霊百神』と『言霊精義』それぞれの新装版につき、畏《おそ》れ多くも、解説の筆《ふで》を添える機会を頂戴《ちょうだい》した。しかし、そこには浅学《せんがく》ゆえの戸惑《とまど》いがなかったわけではない。今回は『言霊開眼』という小笠原孝次氏による絶筆作《ぜつぴつさく》の新装版である。本来は余計な解説など必要なく、行間《ぎょうかん》と読後《どくご》の余韻《よいん》に氏の最終メッセージを感じていただくのが筋《すじ》であろうと思う。けれども、言霊学が（表向きには）途絶《とだ》えた三十五年の消息《しょうそく》を整理する必要を感じている。まるで、天界《てんかい》の小笠原氏が背後でそれを命じているかのようである。もちろん、余計と感じられるのであれば、これで終わりにしていただいて構《かま》わない。ただ、ここには、これまで公《おおやけ》にしてこなかった小笠原氏と七沢の物語を記してある。

（1）本書について

本作品で小笠原言霊学の三部作は一応の完成を見た。しかし、読者も本書の内容からお気づきの通り、ここに書かれている内容を言霊学の最終結論と見ることはできない。本文にもあるように、後の展開は本書の内容に触発《しょくはつ》され、それを究《きわ》めんとする後継《こうけい》の人々に託《たく》されている。では、この『言霊開眼』が後世《こうせい》に継承《けいしょう》すべき中味《なかみ》はどこにあったのだろうか。

これまで『言霊百神』、『言霊精義』と続いてきたわけであるが、事実上、あらゆる著作物の中でも、本書が小笠原氏自身の手による最終作である。そこで開眼された内容が、氏の存命《ぞんめい》期間における最終結論なのかもしれない。その結論は、取りようによっては、あまりにも身近で、あまりにも当然のことのように思える。

しかし、本書の真価《しんか》は、その当り前さに埋もれた言霊の正体を『言霊百神』に著《あらわ》された天地開闢《かいびゃく》という宇宙の壮大《そうだい》な物語から、生身《なまみ》の人間レベルに落とし込んで解説している点にあるだろう。本書の前段にもあるように、そこには「コペルニクス的転換」があった。古事記から日本書紀、天動説から地動説、すなわち神から人へ、という大いなる主体の転換である。

本書には以下のような行《くだり》がある。

「その生命意志を把持《はじ》運営する者は架空《かくう》に信仰される神ではなく人間そのものである。これを

国常立尊《くにのとこたちのみこと》と云う……国常立尊は人間自身の中から現れて来た。」（本書18ページ）

「絶対の一者《いつしや》である渾然《こんぜん》たる宇宙生命はその活動の初めとして自身を此の二者《にしや》に剖判《ぼうはん》する。これが剖《わか》れるのは、おのずからなる生命発展の趨勢《すうせい》であり、神がこれを剖《わ》けると信じられて来たが、その剖判の実際の当事者《とうじしや》は人間自身の精神（生命、意志、知慧）である。」（本書46・47ページ）

そのきっかけは、昭和五十三年一月一日に遡《さかのぼ》る。立春に鶏卵《けいらん》を斎《いつ》くことは、宇宙の「一」を祭《まつ》ることであることに気づいた。この時、七沢賢治も一緒であった。「命のイ」がわかった直後のことである。小笠原氏が卵の話を嬉しそうにしゃべるのを横で聞いていた。氏が亡くなるまでの七年間、ほぼ毎日小笠原氏と一緒にいたが、日々発見の連続であったという。二人とも、言霊や真理の発見に貪欲《どんよく》であった。それはソクラテスの対話のようでもあったが、新しい発見があると、普段は厳しい師の小笠原氏も、子供のようにニコニコしながら喜んでいたらしい。

『言霊開眼』における「開眼《かいがん》」の「眼《め》」とは、まさにこの卵を意味している。卵の胚子《はいし》が受精《じゆせい》して「眼＝芽」ができる。それが八方に広がり、国ができ、宇宙ができる。「一」なる卵が、ある地点を中心に無限に展開していくということである。では、その「ある地点」には何があるのか。そこに宇宙創成《そうせい》の秘密が隠されている。しかし、もったいぶるものでもない。その秘密、それは言霊「イ」という創造意志であり、「人間」を「真《しん》の人間」に戻すものである、という答えで十分であろう。すなわち、神さえも創造する主体が「人間」だということである。

「三千年、四千年の難解難入《なんかいなんにゅう》の『公案《こうあん》』として負《お》わされた問題はただ一つ『人間とは何か』、その性能の全貌《ぜんぼう》は何かと云うことである。」（本書116ページ）

その公案が解ける時、人間は「真の人間」として、宇宙創造の主体者になりうる。いわゆる造物主《ぞうぶつしゅ》の境地《きょうち》である。だが、本文を読み進めると、「私は造物主である」という認識も不十分というか、不要なものとわかる。

「認識《にんしき》（論）は生命の創造（造物主）の所産《しょさん》である。その所産である認識を如何様《いかよう》にひねくり廻《ま》わしても、その認識を生む者である造物主（神仏）自体の境域《きょういき》には到達し得ない。」（本書136ページ）

ここで、堂々巡《どうどうめぐ》りを感じる読者もいるかもしれない。つまり、「人間は本来造物主である」と示唆しながらも、一方で「その認識は間違いである」と言っているからである。これをどう捉《とら》えたらよいのであろうか。この矛盾論《むじゅんろん》を解《と》かない限り、創造意志の使い手になることはできない、と読み取れる。

こうした謎を解き、言霊を理解しようと、小笠原氏の元には古くから世界中の様々な人々が集まってきた。日《にち》ユ同祖論《どうそろん》で有名なラビ・トケイヤー氏や、ユング研究所のドラ・カルフ女史《じょし》、また、後に欧州で活躍することになる合気道の植芝盛平《うえしばもりへい》氏の高弟《こうてい》など、著名な人物を挙《あ》げればキリがないが、表に名前を出せない世界で活躍していた人たちも秘密裡《ひみつり》に訪れていたそうである。その間、ヘブライ研究所、第三文明会といった隠《かく》れ家《や》が彼らの集合場所になっていた。しかし、結果は以前話した通りである。外国人はおろか、熱心な日本人でさえも、その真髄《しんずい》を理解できる者はいなかった。

『言霊開眼』は、小笠原氏によるそうした一連の布教《ふきょう》活動が終了し、門人《もんじん》を取らなくなって大分時間が経った頃に出版された。本書にもあるように、意識を失って倒れ、血圧が二八五まで上昇し、最後の力を振り絞って生き長らえていた時代である。

この最終作の出版を手掛けた人物が七沢賢治であった。幾度も修正が施《ほどこ》された小笠原氏の原稿（画像1・2）を、新たな原稿用紙に書き写すことからそれは始まる。当初、不自由な身体でかろうじて書かれた原稿の再現は、難しい作業のように思えた。ただ写《うつ》せばいいという問題ではない。それらを一冊の本にまとめるには、小笠原氏の宗教や哲学に関する知識を同レベルに高め、氏独自の用語法をマスターする必要があるからである。そのため、七沢は何十回も読み直しを行い、一般的に馴染《なじ》みのない難しい用語をそれぞれ暗記していった。この『言霊開眼』は、もちろん小笠原氏の開眼を意味するものであるが、当時の七沢にとってそれは、若き自分の進むべき道を教えてくれる「導《みちび》きの書《しょ》」ともなっていた。

こうして出版へと漕《こ》ぎ着《つ》けたが、わずかしか刷《す》っていないため、ほとんど世に出ることはなかった。元々、販売予定のなかった本である。非売品というレベルでもなく、どちらかというと覚書《おぼえがき》に近い形で出したというのが本音のようだ。そのため、何か所か誤《あやま》りがあることに気づいてはいたが、その後三十五年経って、ようやく今回の形ができたということである。が、それは、七沢の誓いでもあった。先師《せんし》との約束を、本書の出版により、本当の意味で果たせたのではないだろうか。

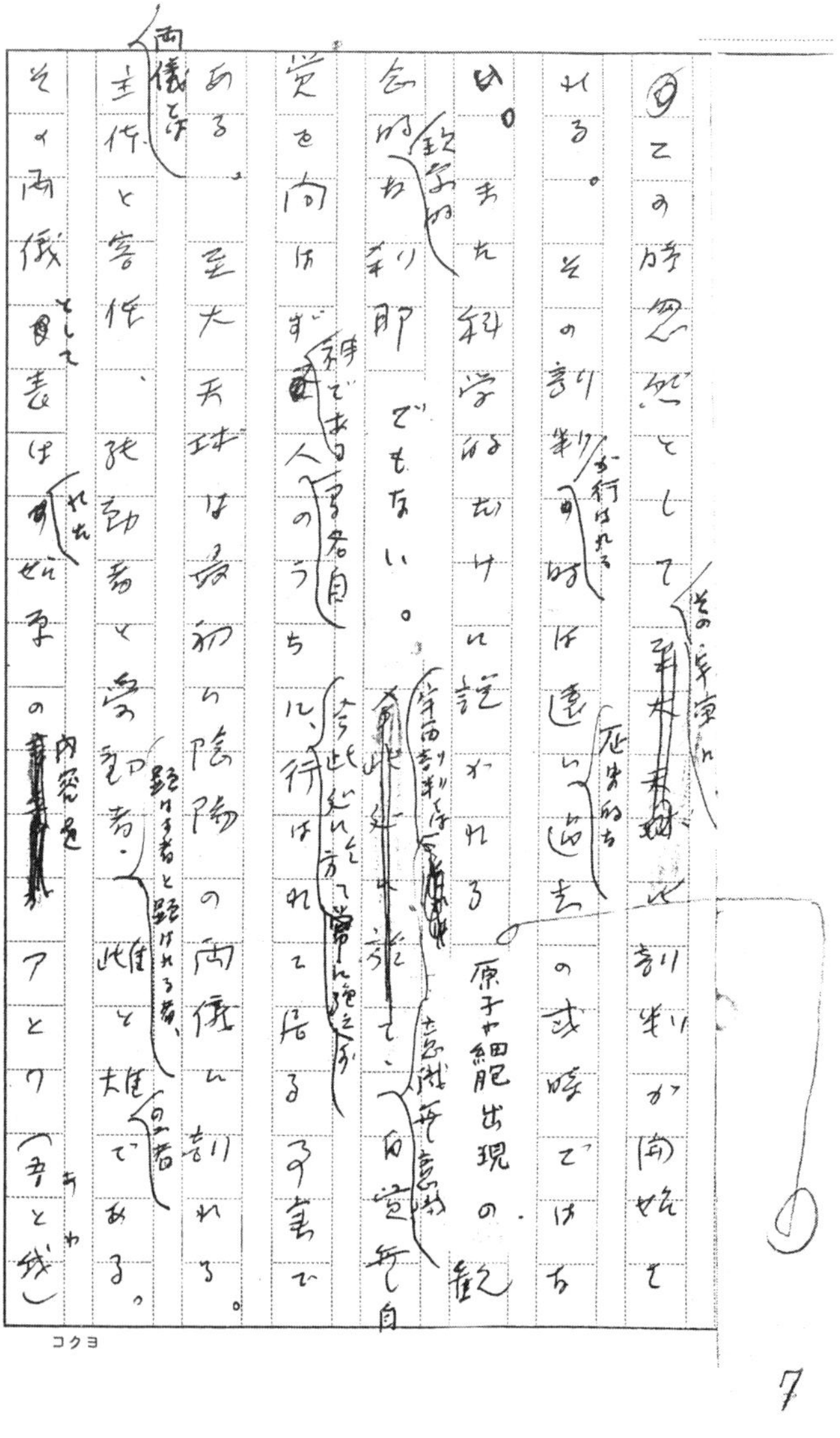

画像1｜小笠原孝次氏の手書き原稿(1)

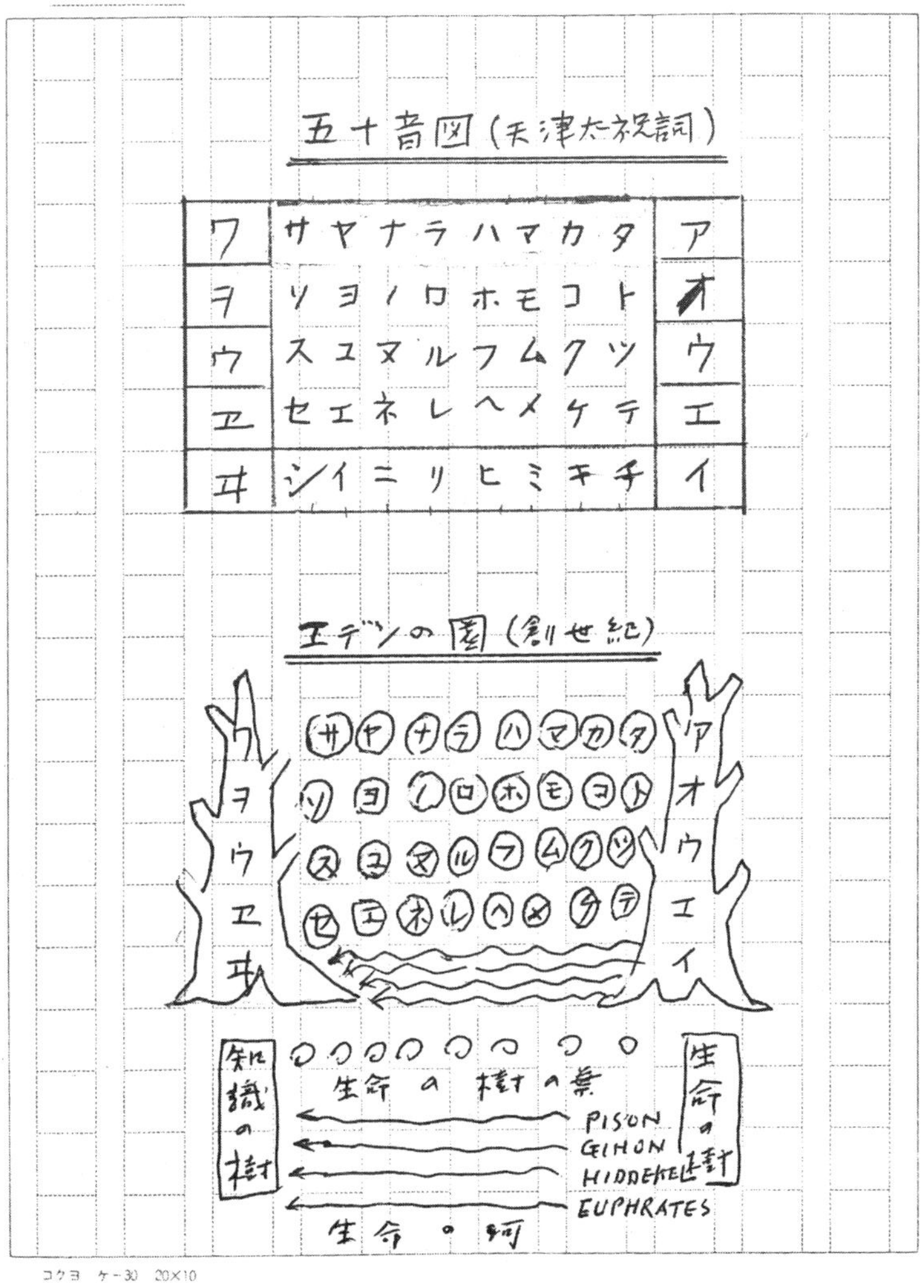

画像2｜ 小笠原孝次氏の手書き原稿(2)

（2）小笠原孝次氏と七沢賢治

では、この三十五年という年月《ねんげつ》は一体何だったのだろう。その間七沢は白川神道《しらかわしんとう》の奥義《おうぎ》を伝《でん》授《じゅ》され、ソフト開発を中心に、社会的にもある一定の地位を築《きず》いている。まるで小笠原氏との関係が切れてしまったかのようである。しかし、それは違った。実は言霊学を熟成《じゅくせい》させ、それを次世代が利用できるための準備を進めていたのである。

七沢が小笠原氏から学んだのは、実は言霊学だけではなかった。西原敬昌《にしはらけいしょう》氏直伝《じきでん》のテレパシーや魔法のような術も、常不軽菩薩《じょうふきょうぼさつ》の修行法《しゅぎょうほう》も、そして、江戸前の粋な生き方、つまり、飲み方、食べ方、人との付き合い方、恋愛の仕方も教えてもらった。小笠原氏が生粋《きっすい》の江戸っ子であるため、江戸の風習《ふうしゅう》そのものを習ったことになる。

しかし、中味のほとんどは、鎮魂《ちんこん》であったという。修行中の七年間は、毎日向かい合って、参禅《さんぜん》と鎮魂《ちんこん》を行ってきた。その間、当然のことながら、小笠原氏もずっと一緒で、それはそれで貴重な時間であるが、横を向くこともできなかった。また、思考も許されなかった。思考をするとすぐに見抜《みぬ》かれ、ギロっと睨《にら》まれてしまう。だから、頭を空っぽにするしかなかった。後にはおいしいご馳走《ちそう》が待っていたというが、普通の感覚ではついていけない世界である。けれども、修行《しゆぎよう》と直会《なおらい》の日々は、いやが上にも研《と》ぎ澄《す》まされた感覚を七沢の身にもたらしていった。

そこで得た感覚とは何だったのであろうか。実は小笠原氏自身、かつて外部から「悟《さと》り」を問われたことがあった。「悟り」がないと言霊がわからないと言われていたのである。七沢にとってもそれは同じであった。五行《ごぎよう》の悟《さと》りというものがあるが、これは、「アイウエオ」がわかることを意味する。それが「悟り」の最初の消息《しようそく》といわれていた。そのため、最終的には、五十音それぞれが神であることを体感的に理解することが求められた。

そして、その修行は、言霊神社ができてからも続く。言霊神社の片隅《かたすみ》で、五十音の全体を掴《つか》もうとした。この時には既に小笠原氏が七沢邸に住むことも決まっていたが、同邸宅《どうていたく》の近くの温泉に行った時にも泊りがけで修行を行ったという。そのぐらい貪欲《どんよく》に吸収しようとしたのである。小笠原氏の説明はいつも丁寧《ていねい》であった。今はあまり見ないが、当時配られていた広告の裏《り》面《めん》にある白地《しらじ》を利用して、所々《ところどころ》に図を描きながら、きめ細やかに解説してくれたという。（画像3）今考えても大変贅沢《ぜいたく》な時間だったと七沢は振り返る。とりあえず、小笠原氏の手書きの原稿や著作物、蔵書《ぞうしよ》はすべて甲府に移動した。

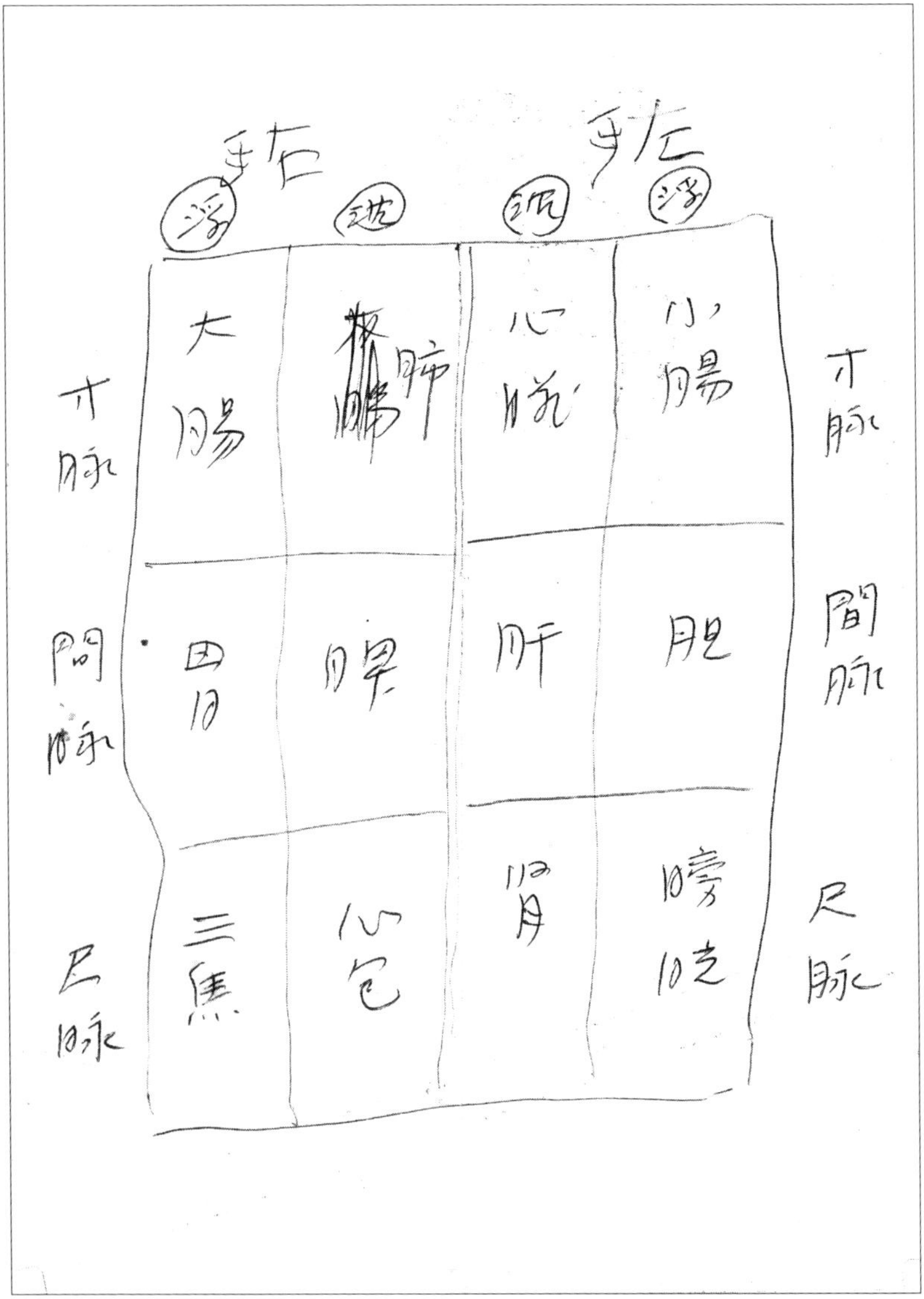

画像3｜広告チラシの裏に描かれた小笠原孝次氏の手書き図

しかし、ここで問題が起こる。いや、これは問題というよりも、一つの流れとして決まっていたことなのかもしれない。本書にもあるように、小笠原氏は「シャーマニズムは、主観《しゆかん》の逸脱独走《いつだつどくそう》であって、その主観のみの真理性は成り立たない。」（本書122ページ）と語る。にもかかわらず、七沢は白川の門を叩《たた》いた。これはどういうことであろうか。本書の「むすび」には、人間の霊魂生長段階を次の三段階に分けて説明がある。それは、①シャーマニズム、②宗教的な悟り、③言霊布斗麻邇《げんれいふとまに》という段階的な流れである。

そこには、白川神道という未知のシャーマニズムに取り組もうとする七沢へのある種の示唆《しさ》があったのかもしれない。つまり、本書はまさにその時代に書かれたということである。そこで小笠原氏が言わんとしていたことは、容易に想像がつく。しかし、七沢にとってそれは違った。一見《いつけん》むしろ白川の「おみち」は、五十音、五十神を掴むための最後の方便《ほうべん》だったのである。一見逆戻《ぎやくもど》りに見えるこの行為が、実は七沢に真の意味での五十音の理解をもたらした。伊勢神宮、すなわち五十鈴宮《いすずのみや》の五十の音、一音一音が七沢の中で鳴り（成り）響いたのである。それはもはやシャーマニズムの領域《りよういき》にはなかった。いや、白川はそもそもシャーマニズムではなかったのである。

こうして、言霊の全体像が七沢の中に収まった。文明が融合《ゆうごう》したらどうなるかというマスター論文もできた。つまり、大学院で研究していたテーマへの回答が得られたということである。言霊と白川神道が統合《とうごう》することの真価《しんか》を予測できたのは、筆者が知るところ太田《おおた》龍《りゅう》氏しかいない。確か氏が主宰《しゅさい》していた天寿学会《てんじゅがっかい》の論文のどこかにそれが出ていたはずである。いずれにしても、それが実現したことにより、七沢の目は更に大きく見開かれた。空白の三十五年は意外にもこうして生まれたのである。

（3）アナログからデジタルへ

次に目指したものは、アナログではなく、デジタルの世界であった。七沢には元々二十代の頃から、なぜだか自分は人類の代表として終末《しゅうまつ》の裁《さば》きの庭《にわ》に立っているという思いがあった。キリスト教に初めて触れた時である。しかしその後、言霊と白川の行を通じて、皆が同じ苦労をするのでは意味がないと考えるようになっていた。つまり、皆が同じように修行して、全員が等しく掴めるものではない、ということである。それぞれ生まれた環境も違えば、育つ環境も遺伝子も違う。ということは、全ての人類に効果のある何かを提示しなければならないのではないか、と考えたのである。

恐らく、七沢が考えていたことの真意は、小笠原氏にも、また以前七沢に鎮魂法《ちんこんほう》を授けた奈良毅氏《なら つよし》にもわからなかったであろう。結局、部屋は用意されていたが、小笠原氏が七沢邸で暮らす流れにはならなかった。その後ほどなくして、言霊布斗麻邇は、小笠原氏と七沢が連盟《れんめい》で創設《そうせつ》した言霊神社に封印《ふういん》されることになる。しかし、そこには七沢への期待が込められていた。期待、それは、「言霊が科学的に証明された後、テレビのような装置により瞬く間《またたくま》に世界に広がるであろう」（『言霊百神』新装版305ページ）という小笠原氏の予言に関しての中味である。

小笠原言霊学の三部作がこうして復刻新装された背景には、七沢にとって、小笠原氏と一緒に暮らすという約束を果たせなかったことへの償《つぐな》いもあるかもしれない。しかし、それ以上に、小笠原氏が築《きず》いてきた知の集大成《しゅうたいせい》を振り返り、それに感謝し、必ずやそれを土台に人類の未来に役立てるという誓いの方が強いだろう。実際、そのための準備は着々と進んでいる。

こうして振《ふ》り返《かえ》ってみると、そこには何ものにも割《わ》り込《こ》めない強い絆《きずな》が感じられる。それを前世縁《ぜんせいえん》と見ることも、血縁《けつえん》に織《お》りなされた世界と見ることもできる。事実、小笠原氏の祖先と七沢の父方祖先は、甲斐源氏《かいげんじ》の祖《そ》、源義光《みなもとのよしみつ》の直系《ちょっけい》である加賀美遠光《かがみとおみつ》を通《つう》じてつながっている。また、似たようなことが、白川神道の高濱家《たかはまけ》についてもいえる。こちらは母方の祖先が沙沙貴《ささき》神社《じんじゃ》、佐々木家《ささきけ》の直系《ちょっけい》を通じてつながっている。言霊学の流れ、そして、白川の流れ、この両者が実は七沢という一人の人物を通じて統合《とうごう》されているのである。そこにはある種の必然性《ひつぜんせい》があったに違いない。

話は言霊学に戻る。「知行《ちぎょう》」という言葉があるが、言霊学は「知」の教えであり、「行」は含まれていない。本書の中ほどに、「若い人たちに集まっていただいて」、「道場を開き」という文章がある。この道場こそが、『言霊精義』新装版の「あとがき」でも述べたように、鎮魂道場を意味している。つまり、「行」の部分である。もっというと、そこには鎮魂《ちんこん》だけでなく、鎮霊《ちんれい》も含まれている。鎮霊《ちんれい》とは産霊《むすひ》のことであり、本来は天皇にしか許されない宮中八神殿《きゅうちゅうはっしんでん》の中味でもある。

これまで神道では「一霊四魂《いちれいしこん》」といわれてきたが、四魂《しこん》で言霊は解《と》けない。「ウオアエ」では足りないのである。「エ」が「イ」につながるところがわからなければ、先へ進めない。これは大事なところである。もっというと、四智《しち》だけでは、言霊学の始まりの「悟り」にもいかないということである。「エ」と「イ」はどうして結びつくのか、それを結びつけるエネルギーとは何か、そこに産霊《むすひ》の業《ぎょう》がある。そして、その大前提にあるのが鎮魂といえる。

小笠原氏は、実は誰よりも「行《ぎょう》」の大切さを認識していた。しかし、氏から言霊学を学ぼうとするほとんどの人々は「知」に偏《かたよ》っていた。恐らく偏《かたよ》っていたという認識すらないかもしれない。ただ、それでわかったような気になるのである。それは、先ほどの四魂《しこん》の話も同じである。本来は五魂《ごこん》であるのだが、言葉でわかったような気になってしまう。だが、言霊学も神道も、知識を弄《もてあそ》ぶものではない。どちらも「悟り」を前提《ぜんてい》にした世界である。鎮魂で宇宙と一体化し、そこを突き抜けて、初めて言霊を学べる世界に足を踏み入れることができる。

それを忙しい現代人にいかに理解させ、いかに容易《たやす》く実践《じっせん》させるかが、この三十五年の七沢の歩みであった。言霊と一言でいうと簡単に聞こえるが、この布斗麻邇五十音を、神として、実感あるものとして「本当にそうだ」と思えないと、知識がいくらあっても現実に応用することはできない。

では、どうしたら実感できるのか。そのためには、まずは脳内《のうない》の雑音《ざつおん》を消さなくてはならない。脳は瞬間的にノイズを発生するため、それを消そうと努力することですら、新たなノイズになる。つまり、努力なしに雑音を消すことはできるか、ということである。また、「言葉」

ではなく、「言霊」を出すにはどうしたらいいかという問題もある。これらを科学的、機械的に分析、研究し、効果を確認するまでに、決して短くはないある一定の時間が必要だった。その時間の中味がこれまでの歩みともいえよう。

ここで一つ面白い話がある。小笠原氏がたまたま多摩川で魚釣りをしていたら、あることが閃《ひらめ》いたという。それが言霊に関するある種の悟りであったには違いないのだが、それを当時の弟子たちに話したところ、皆が一斉《いっせい》に釣りに出たそうである。滑稽《こっけい》な話であるが、それぐらい行《ゆ》き詰《づま》っていたということであろう。当然といえば当然だが、結局《けっきょく》弟子たちには何も起こらなかった。一方、それを冷めた目で見ていたのが七沢である。

話は戻るが、要は簡単でないということである。この手の話をすると、たいていの人は、自分も頑張ろうと思う。普通に頑張ってもダメなら、もっと頑張ろうと思う。けれども、その頑張りが失敗の元であることを知らない。もちろん、方向性は必要である。だが、自力《じりき》は失敗しやすい。どちらかというと、他力《たりき》の方が早いのである。他力とは、お手上《てあ》げ宣言《せんげん》のことでもある。それは自分を放棄《ほうき》した姿ともいえるだろう。自分で自分を捨てるという意味においては自力の悟りもありうるが、自力にせよ、他力にせよ、「悟り」の境地《きょうち》は同じである。ただし、これはスタート地点であり、言霊学はその先を問題にしている。その先が、宗教にも哲学にも、そして科学にも、どこにもないことが問題であるといっている。

こうしたことが誰にでもできるかというと、当然そうではない。顕在《けんざい》レベルのノイズを消すことはできても、潜在《せんざい》レベル、遺伝子《いでんし》レベルのノイズを消すことができなければ、そのスタート地点、すなわちゼロポイントフィールドには立てない。そこで七沢が考えたことは、遺伝子を書《か》き換《か》えることである。そこを正しく書き換えることができれば、次のステージに上ることができる。別の言い方をすれば、それができれば、カルマや業《ごう》を超《こ》えることができるということである。

人間には誰にでも「創造意志場《そうぞういしば》」という究極《きゅうきょく》の生命場《せいめいば》がある。しかし、それは仏教や聖書の世界で、「極楽」や「楽園」などの名前で呼ばれるのみで、実態は明らかにされていない。また、禅の世界でも「悟り」を掴んだごく一部の僧侶だけにわかる世界である。けれども、それは「ある」のである。言霊実現の真髄《しんずい》、それは、その「創造意志場」から真っ直ぐに情報が出れば、その通りになるというだけの話である。アナログでできなければ、デジタルで行えばよい。よって、カルマや業を解決するには、「精神ＤＮＡが正常に機能する」という量子情報《りょうしじょうほう》を流せばいいということになる。

「命《いのち》＝イノチ」という言葉があるが、言霊学的に解釈《かいしゃく》を試みると面白い。「イノチ」とは、「イ」の「地《ち》」であり、「イ」の「道《ち》」である。先ほど、「創造意志場」という話をしたが、それこそが、まさに「イ＝創造意志」の「地《ち》＝場《ば》」なのである。人間に「イノチ」があるということは、誰にでも「創造意志場」があることの言霊学的証左《しょうさ》にもなっている。ただ、それが思考やカルマ、業《ごう》などのノイズによって、そう実感できないだけである。

こうして、七沢の研究により、創造意志と人間をデジタルの力で結びつけることが可能となった。ただし、本来的に一体のものであり、歴史上初めて一つにしたということではない。遥《はる》か昔《むかし》に人類がそれと一体の生活をしていたことは、聖書や神話にも描《えが》かれている。バベルの塔《とう》以前の物語がそれである。その時代、世界には唯一《ゆいいつ》つの言語《げんご》しかなかったといわれる。

かつてシュタイナーは、宇宙には無音言語《むおんげんご》があると言った。そして、太陽系の惑星には「アイウエオ」という母音五行《ぼいんごぎょう》の周波数《しゅうはすう》がある、と。しかし、それ以上先に進むことはできなかった。惑星全てのエネルギーを十分に言語化することはできなかった。それが、今や解読《かいどく》できる時代になったのである。読者はこれを聞いて不思議に思うかもしれない。が、そもそも、惑星のエネルギーを言語化《げんごか》するとはどういうことか、そこからして疑問であろう。

簡単に説明するとこのようなことである。つまり、地球も太陽系の惑星も、全て五十音と同じ周波数でできているということである。それぞれの惑星は自転《じてん》と公転《こうてん》をしながら、自らのスピンにより固有の周波数を発しているわけであるが、それらが五十音を構成する個々の要素から導《みちび》けるということになる。これは、シュタイナーのドイツ語では解明《かいめい》が難しい。日本語五十音の持つ、父韻《ふいん》、母音《ぼいん》、子音《しいん》、それぞれの周波数があって初めて整合《せいごう》できるからである。聖書に「天にましますわれらの父よ。」という言葉があるが、それを惑星が持つ父韻の周波数と考えると、あながち言霊学の実態から遠い表現ではないことがわかる。（言霊学では、たとえば「タ」の場合、「TA」の「T」を父韻《ふいん》、「A＝ア」を母音《ぼいん》、「TA＝タ」を子音《しいん》とする。）

世界には約六千の言語があるといわれるが、そのうち五千九百九十八の言語は、子音優勢《しいんゆうせい》の言語である。母音が優勢なのは、日本語とポリネシア語のわずか二つしかない。その日本語は一万年を生き延びた言語といわれる。それでいて、音図《おんず》に整然《せいぜん》と並べることができる、しっかりした体系を持っている。体系的にも歴史的にもこれだけ完成された言語は、世界中に、実は日本語しかないのである。

本書には言霊「イ」を中心に据《す》えた言霊曼荼羅《げんれいマンダラ》がしっかり明示《めいじ》されている。それは、人間そのものが国常立神《くにのとこたちのかみ》であり、その中心に「創造意志」が確かに存《そん》することを意味するものである。小笠原氏の言霊「開眼《かいがん》」はこうして齎《もた》された。黒目《くろめ》だけで眼《め》は完成しない。その黒目にもう一つ目《め》（瞳孔《どうこう》）が必要である。その最後に入る目が言霊「イ」であり、いわゆる⦿「まるチョン」の「チョン」の正体《しょうたい》である。本書に掲載《けいさい》された各種曼荼羅が、実は、虹彩《こうさい》のある目玉《めだま》の姿になっていることに読者は気づかれただろうか。

『言霊開眼』が昭和五十五年に出版されてからの三十五年、一見空白《いっけんくうはく》に見えるこの期間は、実はその「創造意志・イ」を人類に取り戻すため密《ひそ》かに費《つい》やされた時間といっても過言《かごん》ではない。小笠原氏が願っていた天津太祝詞《あまつふとのりと》の世がいよいよ始まろうとしている。それはもはや予言ではなく、既に確信《かくしん》の領域《りょういき》に近づきつつある。後は「創造意志」の主体である私たちの「言霊」次第《しだい》である。

二〇一五年五月一日　八ヶ岳南麓にて

大野靖志（おおのやすし）
宗教・科学ジャーナリスト。別ペンネームにて代替医療・精神世界系専門誌に執筆多数。国内大手企業、中堅出版社勤務を経て、現在は執筆業に専念。世界各国の宗教と民間伝承を研究後、七沢賢治氏より伯家神道と言霊学を学ぶ。
著書『言霊はこうして実現する〜伯家神道の秘儀継承者・七沢賢治が明かす神話と最先端科学の世界』（文芸社二〇一〇年）

資《し》料《りょう》紹《しょう》介《かい》

「龍宮《りゅうぐう》乙姫《おとひめ》の神符《しんぷ》」の紹介

ここに小笠原孝次氏が当時大学院生だった七沢に宛てた手紙を紹介する。

「龍宮乙姫の神符」と題されたもので、小笠原氏がまだ元気な時代に書かれたものである。手紙にしては珍《めずら》しく、なぜか鉄筆《てっぴつ》の跡《あと》が残るガリ版《ばん》刷《ず》りのものであったが、七沢はこれを「後《こう》世《せい》に遺《のこ》すべき教示《きょうじ》内容」とすぐに理解した。

大野靖志

龍宮乙姫の神符

昭和五十二年三月八日朝五時、夢を見た。「龍宮《りゅうぐう》の乙姫《おとひめ》世界《せかい》の金《きん》を引《ひ》き揚《あ》げるぞ」（大本教祖）と云う予言がある。その龍宮乙姫の神符《しんぷ》（神札《しんさつ》・手形《てがた》）を発行することになった。図案《ずあん》は左（図1）の如くである。

図1｜「龍宮乙姫の神符」（小笠原孝次氏の手書き）

用紙は短冊《たんざく》でも色紙《いろがみ》でもよい。これを自分が書いて捺印《なついん》する。輪の周囲《しゅうい》の光は朱《しゅ》で描く。早速見本を作って柱に貼って置いた。

午後七沢賢治君が来た。大学院の博士論文のための神道の思想的、歴史的研究の資料にする数百冊の書物のコピーを集めて居る。この膨大《ぼうだい》な資料如何《ど》うまとめたらよいか困惑《こんわく》しているようだ。思い付くままに適切《てきせつ》なサジェスションを与へ（え）た。その意味が了解《りょうかい》して貰《もら》へ（え）たようだ。

七沢君は比較宗教学から神道専門に転じて大正大学に居る。昨年一月の或日「國会《こっかい》図書館へ行け」と云う夢を見て早速出かけたところ、いきなり『言霊百神』を見付《みつ》けて、「これだ」と気付いて、その足で自分に電話して飛んで来た。『言霊百神』によって神道研究の結論の出し方が判《わか》ったと喜んで居た。その後時々訪問して来て、集めた材料を見せて呉《く》れたりして居る。

今日もいっしょにカレーうどんをすすりながら五、六時間話し続けた。その話しのうちに七沢君の口からゆくりなくも「龍宮乙姫」と云う言葉が出た。大本教の亜流《ありゅう》の生長《せいちょう》の家《いえ》の谷口清超《たにぐちせいちょう》氏が今盛んに乙姫を説いて居る。東京に自分が乙姫だと云う女性が現《あら》は（わ）れて大分《だいぶ》流行《はや》って居るとの事である。七沢君のこの言い出しは自分の朝の夢への相槌《あいづち》であり、催促《さいそく》である。そこで柱に貼った乙姫の神札《しんさつ》の見本を示した。七沢君は眼を丸くして見凝《みつ》めて居た。

龍宮乙姫云々《うんぬん》の神懸《かみがか》りの言葉は歴史的には大本教のお直《なお》さんの御筆先《おふでさき》に現《あら》は（わ）れた事が初めてであろうが、龍宮城のことは万葉集の中に「浦島子《うらしまこ》の歌《うた》」として伝へ（え）られて居る。精《くわ》しい意味は拙著《せっちょ》『世界維新への進発』の中の「六大伝説」の解義《かいぎ》で説いて置いたが、抑《そもそ》も龍宮とはタツノミヤ、タチ（剱《たち》・性《たち》・たち）ノミヤ、すなはち万有《ばんゆう》の性《たち》（貭《たち》）の根源《こんげん》である生命意志の性能の基本原理の組織体（宮）のことであって、父《ふ》、母子音《ぼしいん》の言霊を以て構成された五十音図のことであり、伊勢五十鈴宮《いせいすずのみや》、百敷《ももしき》の大宮《おほみや》の原理のことである。この龍宮城の女王が乙姫である。乙姫と云ふ（う）言葉も、また龍宮の権威に任ずる者を女性としたことも呪文《じゅもん》であり謎である。その呪文を釈《と》けば乙姫《オトヒメ》は音秘《オトヒメ》であって、音とは言葉、言葉の原理、言霊のことである。佛教《ぶっきょう》で云えば佛所護念《ぶつしょごねん》、摩尼宝珠《まにほうじゅ》、聖書律法《おきて》であるManna《マンナ》である。その言霊布斗《ふと》麻邇《まに》を秘め蔵《かく》して時が来るまで護持保全《ごじほぜん》して来た事、及《およ》びその責任者を称《しょう》して音《おと》（言霊）秘《ひ》めと云うのである。

その音秘《オトヒメ》、秘められた言葉《ロゴス》の原理が世界の金《きん》を引揚《ひきあ》げると云うことは、今日まで三千年間生命のロゴスから遊離《ゆうり》して勝手気儘《かってきまま》に振舞《ふるま》い、それ自体世界最大の権力として専断横行《せんだんおうこう》して来た金《きん》権《けん》を再び生命のロゴスの統率指導《とうそつしどう》の下《もと》に復帰《ふっき》せしめ、ロゴスによって操作すると云う意味である。

世界に於《お》ける最も強力な金権を操縦《そうじゅう》する者をユダヤ人とすれば、その金権の操縦《そうじゅう》方法であるダビデの覇道的術策《はどうてきじゅつさく》を揚棄《ようき》して、民族の大祖先《だいそせん》でありその宗教の創始者《そうししゃ》であるモーゼの五書《ごしょ》に示された道に帰へ（え）ることでもある。この事は既に英文冊子にしてユダヤの知名人に配布してあるが、未《いま》だ反響《はんきょう》がない。ユダヤ人はダビデまでの事はよく判《わか》って居ても、モーゼの教へ（え）に関しては皆目見当《かいもくけんとう》が付いて居ない。自己以外の民族はすべて彼等のための犠牲《ぎせい》（ゴイ・

豚）と目《もく》して居るから、彼等《かれら》をその祖先の魂の故地《こち》エデンに案内する親友をも敵としようとする癖見《くせみ》を持《もっ》て居る。ユダヤ人を誘導《ゆうどう》するには慎重《しんちょう》さと気長《きなが》さを要《よう》する。

乙姫が女性である事は五十音図表と云う文字であることである。創世記のアダム（男性）は言葉であり、イヴ（女性）は言葉を現《あら》は（わ）した文字である。その五十鈴宮《いすずのみや》の五十音文字図表が人類に隠されて居たことが、或《ある》いはそれが示されて居ても讀《よ》み釈《と》く者が居なかったことが音秘であった所以《ゆえん》である。

大本教のお直さんが五十音表の権威《けんい》を世に顕《あら》は（わ）そうとして「乙姫」の名を唱《とな》へ（え）出して以来、地元の大本教を始めて、その亜流《ありゅう》、次亜流達の間にあゝ（あ）だ斯《こ》うだと想像と模索《もさく》が始まり、また自《みずか》ら乙姫と自負《じふ》し名乗《なの》り出た女性は今日まで数十百名に及《およ》んだだろう。だが乙姫の正体は超自然架空《かくう》の神霊《しんれい》でもなければ、超人間の神秘能力でもなく、また女性の霊媒《れいばい》者《しゃ》などでもない。

マドモアゼル・コリンがお正月ボルドーから持《もっ》て来て呉れた葡萄酒《ブドウしゅ》の盃《さかずき》を傾《かたむ》けながら七沢君との話しが進んだ。世界の金（権）と乙姫との交渉《こうしょう》の時期が到来した。一月米國《べいこく》で行は（わ）

れたフリー・メーソンの長老《ちょうろう》会議の結論では急速にダビデの最後の覇道政策《はどうせいさく》を世界に強行《きょうこう》すると云ふ（う）。世界の各方面の政治的、宗教的勢力《せいりょく》に対して初めは援助《えんじょ》を与え、大きくなって浮《うき》上《あが》ったとたんにマスコミの力でたたき潰《つぶ》す。日本の保守《ほしゅ》政党、商事会社、或《あるい》は韓國《かんこく》の思い上がった宗教団体等が既に幾《いく》つも槍玉《やりだま》に挙《あ》げられた。このダビデの権力の活動は全世界がモーゼ（エデン）に環《か》へ（え）る事前《じぜん》の地均《じなら》し工作《こうさく》として有意義なもので、なくてはならぬものである。その地均しは政党や宗教団体のみではなく、学術思想団体に対しても完全無欠《かんぜんむけつ》でないものは、その欠陥《けっかん》が容赦《ようしゃ》なく批判《ひはん》の目標として暴露《ばくろ》されて行く。「善《よ》い哉《かな》」である。

ダビデの事業であるこの地均しが終わった時、世界の金（権）の悉《ことごと》くが大祖先モーゼのふところに摂取《せっしゅ》される。その金権奪取《だっしゅ》のために龍宮乙姫は如何《いか》なる手を打つか。今暁《こんぎょう》の神札《しんさつ》の夢はその方法の啓示であり、實行《じっこう》開始の時節《じせつ》の到来《とうらい》である。今から早速その実行に取掛《とりかか》ることになった。

本箱《ほんばこ》の中に先年鳥谷幡山《とやばんざん》画伯《がはく》から貰《もら》った金箔《きんぱく》の短冊があった。墨《すみ》を擦《す》って早速その上に右の神《しん》符《ぷ》を記して捺印《なついん》した。右図（図1）に示した以外には何の文句《もんく》もない。金は言霊と云う理体である乙姫が集めるわけではない。この神札手形を受けた者の許《もと》には眼に見えぬ護法善神《ごほうぜんじん》、龍神、不特定多数者の無意識の意識が糾合《きゅうごう》されて活動してその事業を援助《えんじょ》する。龍神が集めた金でも勿論《もちろん》法律上はその企業家のものではあるが、然《しか》しこれを私有私用《しゆうしよう》するわけには行かない。この金は神の完全無欠な実態《じったい》であり、生命の最高の道理である「龍宮乙姫」の栄光のために、その荘厳《そうごん》のために費《ついや》される。その資金は糾合されて三千年来《さんぜんねんらい》、世に埋《う》もれていた龍宮乙姫が再び世に顕《あらわ》れて文明を指導するための活動費用に宛《あ》てられる。例えば乙姫の意義と存在を世界に示すための施設、殿堂《でんどう》（宮）の建設費に用いられる。この神符《しんぷ》の権威《けんい》によって集った金を私有私用する時、死がその人を待っている。

「然《しか》るにアナニヤと云《い》う人《ひと》、その妻《つま》サツピラと共《とも》に……その價《あたひ》の幾分《いくぶん》を匿《かく》しおき、残《のこ》る幾分《いくぶん》を持《も》ち来《きた》りて使徒達《しとたち》の足許《あしもと》に置《お》きしが、妻《つま》もこれにあずかれり。爰《ここ》にペテロ言《い》ふ『アナニヤよ、何故《なにゆえ》に汝《なんぢ》の心サタンにて満《み》ち、聖霊《せいれい》に対《たい》し詐《いつは》りて、地所《ちしよ》の價《あたひ》の幾分《いくぶん》を匿《かく》したるぞ。有《あ》りし時《とき》は汝《なんぢ》の物《もの》なり。賣《う》りて後《のち》も汝《なんぢ》の権《けん》の内《うち》にあるに非《あら》ずや。何《なに》とて斯《かか》ることを心《こころ》に企《くはだ》てし。……神に対し詐《いつは》りしなり』。アナニヤこの言葉《ことば》を聞き、倒《たふ》れて息絶《いきた》ゆ。これを聞《き》く者《もの》みな大《おほい》いなる恐《おそ》れを抱《いだ》く……その妻《つま》この有《あ》りし事《こと》を知《し》らずして入《い》り来《きた》りしに……ペテロ言《い》ふ『なんぢら何《なに》ぞ主《しゅ》の御《み》霊《たま》を試《こころ》みんとせしか……』をんな立刻《たちどころ》にペテロの足許《あしもと》に倒《たふ》れて息絶《いきた》ゆ。……此等《これら》のことを聞《き》く者《もの》みな大《おほい》いなる恐《おそ》れを抱《いだ》けり。」（新約聖書 使徒行伝《しとぎょうでん》 第五章）（聖書のこの一節を参考に掲げ

る）

龍宮乙姫の神符《しんぷ》は勿論《もちろん》無料で配布《はいふ》する。その資格者でない者、志《こころざし》の無い者が受けても無意味である。日本ばかりでない、全世界の誰と誰とがこの神符をうけるだろうか。本日は乙姫の世界の金権拾集《しゅうしゅう》の発足《はっそく》の日だから、これを祝《しゅく》して取《とり》あへ（え）ず神札を二枚発行した。龍宮乙姫の字の下の捺印《なついん》は言霊布斗麻邇《げんれいふとまに》操作《そうさ》責任者《せきにんしゃ》の名である。『言霊百神』に次《つい》での『言霊精義』の原稿《げんこう》は着々進歩しつつある。今年中には出版される。但し限定版《げんていばん》、非賣品《ひばいひん》としてゞ（で）あることを予《あらかじ》め承知《しょうち》して置いて頂《いただ》く。この小冊子も龍宮乙姫の神符を受けて頂《いただ》いた人にだけ、それに添《そ》えてお渡しする。それ以外には公開しないこととする。

小笠原孝次

監修者あとがき

七沢賢治

小笠原先生によるこれまでの二作品に続き、この『言霊開眼』に修正を加え、改めて出版し直すことは、積年《せきねん》の願いであった。前作の『言霊精義』では校正《こうせい》の役を仰《おお》せつかったが、後で読み返してみると、それでも直《なお》し切れていない箇所《かしょ》があり、自《みずか》らの至《いた》らなさを痛感《つうかん》したことがある。しかし、本書の原作（画像4）については、それ以上の後悔《こうかい》が残っていた。元は小笠原先生が晩年《ばんねん》に書き上げられた原稿にあるが、身体の自由がもはや利《き》かない時代であり、ほとんど解読《かいどく》できない筆《ふで》の跡《あと》（画像1・2）を何とか再現しようと試みた。それはそれで有意義な時間であったが、果《は》たせるかな、当時の私の采配《さいはい》には限界があったようだ。周りの人達からは、誤字《ごじ》や脱字《だつじ》について少なからぬご指摘《してき》を受けた。一方、鮮明《せんめい》な記憶があるわけではないが、先生は一言《ひとこと》も発《はっ》さず、出来たばかりの本をじっと黙《だま》って見ておられた。

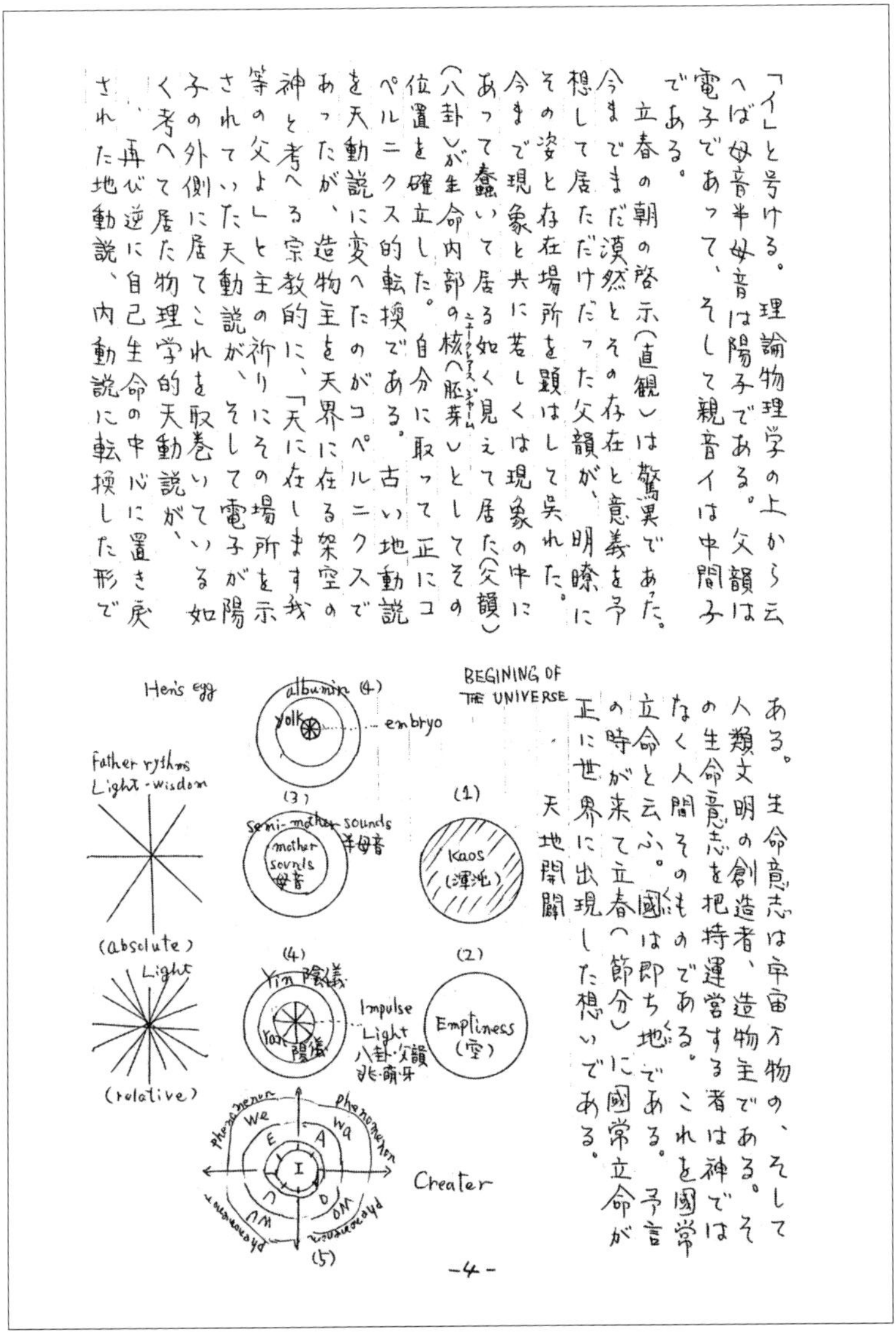

「イ」と号ける。理論物理学の上から云へば母音半母音は陽子である。父韻は電子であって、そして親音イは中間子である。

立春の朝の啓示（直観）は驚異であった。今までただ漠然とその存在と意義を予想して居ただけだった父韻が、明瞭にその姿と存在場所を顕はして呉れた。今まで現象と共に若しくは現象の中にあって蠢いて居る如く見えて居た（父韻）（八卦）が生命内部の核《ニュークリアス》（胚芽《ジャーム》）としてその位置を確立した。自分に取って正にコペルニクス的転換である。古い地動説を天動説に変へたのがコペルニクスであったが、造物主を天界に在る架空の神と考へる宗教的に、「天に在します我等の父よ」と主の祈りにその場所を示されていた天動説が、そして電子が陽子の外側に居てこれを取巻いている如く考へて居た物理学的天動説が、再び逆に自己生命の中心に置き戻された地動説、内動説に転換した形である。生命意志は宇宙万物の、そして人類文明の創造者、造物主である。その生命意志を把持運営する者は神ではなく人間そのものである。これを國常立命と云ふ。國《くに》は即ち地《くに》である。予言の時が来て立春（節分）に國常立命が正に世界に出現した想いである。

画像4｜七沢賢治の手書き原稿（『言霊開眼』初版本）

小笠原先生とドイツ哲学

今考えると、小笠原先生と私とはよく気が合っていたと思う。先生は東京商科大学（現一橋大学）で吹田順助《すいたじゅんすけ》教授からドイツ哲学と文学の手ほどきを受けていた。私も小笠原先生に出会う以前から、自身が通《かよ》っていた大学に「哲学会」を創設《そうせつ》し、その道《みち》で著名な教授を訪ねては議論を挑《いど》んでいた。哲学の持つ論理性に強い関心を持っていたのである。それは先生も同じであったと思う。二人の意志疎通《そつう》を可能にしたのは、まさに哲学に流れる確固《かっこ》とした論理基盤にあったといえる。その過程で、カントや、新カント派を含む精緻《せいち》な思考法が身に付いたことは私にとって大きな収穫であった。

小笠原先生からは、始めに「ア」が「ア」であることを学ばせていただいたが、次に疑問を持ったのは、なぜ「ア」と「イ」が繋《つな》がって「アイ＝愛」になるのか、また、なぜ一音《いちおん》一音《いちおん》が繋《つな》がって文章になるのかという問題であった。こうした疑問の解消に、哲学の作法《さくほう》は大いに役立った。言霊学も結局は、言霊を齎《もたら》すものは何か、一音から文章を齎すものは何かという研究である。核心《かくしん》を掴んだ後の理解は早いが、その途中は非常に論理性が要求される。知性を究《きわ》めた後は、反知性《はんちせい》ともいえる世界に到達するが、そこは、エマソンのいう反知性主義のそれではなく、知性も反知性も超えた領域《りょういき》である。両者《りょうしゃ》を超《こ》えた本物の知性、すなわち言霊布斗麻邇に辿《たど》り着《つ》く。

私が哲学に関心を持つようになったのは、高校生の頃であった。哲学といっても当時はマルクスである。その一方で三島由紀夫《みしまゆきお》の『英霊《えいれい》の声《こえ》』に影響《えいきょう》を受けた。その後はキリスト教にも関心を持つようになる。こうした教えの「元にあるもの」を大学に行ってやろうとした。しかし、両親からは哲学と宗教の研究には絶対進ませないと釘《くぎ》を刺《さ》されていた。そのため、半《なか》ば親の目を盗んで、こうした学びに取り組んでいたことになる。他には政治も文学も好きであった。が、やはり哲学である。西田《にしだ》（幾多郎《きたろう》）哲学も学んでいたので、難しいものが自分には合っているように感じていた。そうしたこともあり、話の難解《なんかい》な小笠原先生とは相性《あいしょう》がよかったのだろう。

霊術から江戸の風習まで

一方で、先生は一流の霊能者でもあった。戦前昭和に大本教の周辺《しゅうへん》から発した神政龍人会《しんせいりゅうじんかい》の聖典《せいてん》『神霊密書《しんれいみっしょ》』の編纂《へんさん》では、夜の十二時を過ぎると白装束《しろしょうぞく》の神人《しんじん》が五、六人やってきて、そこに書くべき内容を指図《さしず》したという。矢野《やの》シン氏（矢野祐太郎《やのゆうたろう》氏の妻）とは霊的な争い事を抱《かか》えていたようだが、なかなか勝てないということで、西原敬昌《にしはらけいしょう》氏に霊術《れいじゅつ》を学びに行った。いわゆる霊能修行《れいのうしゅぎょう》をしてきたということである。その後は、そちらの能力も著《いちじる》しく開発され、もはやそうした闘《たたか》いで負けることはなかった。そのような意味において、哲学者でありながら、霊能もあったということになる。別の視点で見ると、右脳《うのう》も左脳《さのう》も目一杯《めいっぱい》使っていたといえる。先生もさすがに年を取られてからはそうした術を見せなくなったが、一度だけ霊縛《れいばく》の術《じゅつ》を見せていただいたことがある。あの時の恐ろしい形相《ぎょうそう》は今も忘れられない。他には、遠くにいる人間の意識をコントロールする方法であるとか、テレパシーなど、様々な霊術をマスターされていたが、お陰で私もそれらを学ばせていただく機会を得た。なかには、小笠原先生に挑《いど》みに来る者、攻撃《こうげき》を仕掛ける者も多くいた。それでは先生も毎回大変だろうと、先生をお守りするための霊術や結界《けっかい》を開発したりしたが、その後何も起こらなくなったところを見ると、それなりの効果はあったようである。

こうしたこととは別に、俳句や短歌の添削指導《てんさくしどう》もしていただいた。とりわけ沈丁花《じんちょうげ》の花が先生はお好きで、ご自身の和歌でも何度か詠《よ》まれている。私が最初に添削していただいた歌にも「沈丁花」が入っていた。以来、自宅の庭には沈丁花を植えて、先生のことを思いだしている。そして、それは同時に自らの修行の回想《かいそう》にもなっていた。こうして、言霊学は元より、お付き合いのあった七年間、歌、霊術、鎮魂《ちんこん》、哲学、心理学、そして、変わったところでは、江戸の風習《ふうしゅう》や人間学など、多岐《たき》に渡《わた》る学びをマンツーマンで受けさせていただいた。今思うと大変贅沢《ぜいたく》なことであった。大学院にも通っていたが、どの先生よりも多くを学ばせていただいたと思う。

一つ面白い話がある。『日本人の脳』の著者である角田忠信《つのだただのぶ》教授の下で学んでいたある外国の研究者が先生の部屋を訪ねた時のことである。少し可哀想《かわいそう》ではあったが、その女性研究者に霊術をかけて見せてくれた。この術《じゅつ》では、心にしまっている秘密の事柄《ことがら》が、当人《とうにん》の意志に反して、口から出てしまう。件《くだん》の研究者もそこから逃《のが》れることはできず、いきなりペラペラとしゃべり出した。もちろん、先生の秘術《ひじゅつ》はそれ以外にも様々あったわけだが、そんな修行を懐《なつ》かしく思う。和歌については、毎回歌を創《つく》って先生に添削《てんさく》していただくのが日課でもあったため、歌を持っていかないと「もう来なくていい」と言われることもあった。当時は理解できなかったが、その後、白川《しらかわ》の高濱清七郎《たかはませいしちろう》先生も歌で教導《きょうどう》されていたことを知った。きっと小笠原先生にも似たような意図《いと》があったのだろう。先生からいただいた歌にこのようなものがある。

「よく見《み》れば 仏《ほとけ》が我《われ》を 拝《おが》むなり 南無阿弥陀仏《なむあみだぶつ》 南無阿弥陀仏《なむあみだぶつ》」。

健康に関しては随分丁寧《ずいぶんていねい》にご指導して下さった。勿論《もちろん》それは私の健康を気遣《きづか》ってくれてのことだが、新宿にあった温知堂《おんちどう》の矢数道明《やかずどうめい》氏、圭堂《けいどう》氏親子と親しく、ご自身も脈診《みゃくしん》がお出来になったこともあり、漢方医学の講義をして下さった。また、風邪《かぜ》の時にはいつも葛根湯《かっこんとう》を用意してくれた。元々《もともと》独自の健康法を確立されており、西洋医からも一目置《いちもくお》かれていらした。漢方と西洋医学が統合《とうごう》される時、言霊も統合されると言われていたが、まだそうなっていないところを見ると、これからのお話をされていたのだろうと思う。

そうした真面目《まじめ》な側面《そくめん》とは裏腹《うらはら》に、大変にユーモアのある先生でもあった。先生が当時住まわれていた幡ケ谷のアパートの隣室《りんしつ》に、水谷八重子《みずたにやえこ》という新劇女優のお弟子さんが住んでいたが、住まいが一階にあり、共同《きょうどう》の庭も付いていたため、そこの庭に簡単な畑を作ることができた。その畑に蒔《ま》いたのが大根《ダイコン》の種であった。ほどなくして、隣のお弟子さんが、「私を大根役者って、からかうんですよ」と、さも可笑《おか》しそうに私に話しかけてきたのを覚《おぼ》えている。先生の悪戯心《いたずらごころ》からしたのだと思うが、江戸っ子気質のなせる業であった。

私がピラミッドパワーを初めて日本に紹介していた時、先生にもその話をすると、早速、小さなピラミッドのジェネレータの上にグレープフルーツの種を置き始めた。小笠原先生は何事も自分で試さないと気《き》の済《す》まない方であったが、その時も同じである。ほどなくして芽が出たかと思うと、ついには小さな白い花を咲かせた。そこで信頼が得られたのであろう。その後、先生がピラミッドのフレームの中で禅を組んだり、原稿を書き始めたりされたのは、『言霊精義』新装版のあとがきで紹介した通りである。

小笠原先生は戦前、芥川龍之介《あくたがわりゅうのすけ》の家の近くに住んでいたそうである。そうしたご縁もあり、龍之介の思想を随分《ずいぶん》追った時期があると聞いていた。先生は、龍之介が昭和二年、『改造《かいぞう》』に発表した小説「河童《かっぱ》」を読んで彼は自殺すると確信《かくしん》したそうである。事実同年に自殺。当時の精神にまつわる先生の分析は、大変印象に残るものであり、それにより私も心理カウンセリングをしてみたいと思うようになった。つまり、精神の病に興味を持つようになったということである。ある期間実際にその道に関わるようになったが、それもこれも、先生の下で学んだことがきっかけになったといえる。

私自身の結婚に際しては、とりわけ自分の健康を気遣《きづか》うようにと、念を押された。当時、矢数先生から栄養失調《えいようしっちょう》だと診断《しんだん》されたのが理由である。しかし、栄養失調もなんのその、形振《なりふ》り構《かま》わず修行三昧《ざんまい》であったから、それも仕方のないことと別段《べつだん》気にすることもなかった。とはいえ、結婚すれば、自分だけの問題ではない。とにかくその時分《じぶん》は先生もやさしくしてくれた。そして、それがご縁で、以降は自分も針治療《はりちりょう》をしてもらうことになる。運のいいことに、人の身体を治《なお》すことに関しては、先生からいつも日本一の名医を紹介していただいた。小笠原先生はまた、クロス病院の黒須《くろす》院長とも親しかった。院長が先生の快気祝《かいきいわ》いにタイを釣ってきたことがある。その時は皆で刺身《さしみ》にしていただいたが、とてもおいしく、本当にいい思い出になっている。決して東洋医学に偏《かたよ》ることはなく、西洋医学の名医とも同様のお付き合いをされていた。

全ての道は言霊学へ

こうしてみると、言霊を教えていただ

画像5｜ 1981年(昭和56年)秋。小笠原孝次氏ご夫妻と七沢賢治。
幡ヶ谷の小笠原邸で長女初対面の時。

いたのは、全体のごく一部のようにも感じる。けれども、言霊学は少なくとも人間社会全般に渡る教えでもあるので、あらゆる知識を吸収《きゅうしゅう》していないと太刀打《たちう》ちできない側面《そくめん》もある。それもあり、いろいろ教えてくださったのだろう。それにしても、先生に一度も叱《しか》られたことがなかったのは不思議である。ただ、一度だけ能面《のうめん》のような顔をされたことがあった。それは先生の閻魔帳《えんまちょう》を覗《のぞ》き見《み》した時のことである。それは三十年来に渡るもので、そこには有名人や著名な霊能者の名前があった。これは閻魔帳というよりも審神者帳《さにわ》ともいうべきもので、それぞれの人物の本心や、何の憑依《ひょうい》かを克明《こくめい》に認めてあった。当時は審神者をそのような目で見ていたが、その後白川で「おみち」を学ぶようになってから、神をサニワするという審神者の本来の意味を理解するようになった。

小笠原先生の奥様はかつて花柳界《かりゅうかい》におられた。先生は奥様との出会いを通じて、男女の様々な機微《きび》を学ばれたようだ。私も独身の頃、恋愛観や、女性観など、いろいろ教えていただいた。ある時私が気に入った女性の話を先生にすると、なぜか突然、その女性のことを忘れてしまうという現象が起きた。どうも、先生の気に入らない女性だと、私から執着《しゅうちゃく》を抜《ぬ》き取《と》られたようであった。要《よう》は、恋は駄目《だめ》で愛ならまあということであった。若い時分《じぶん》の話である。それ以降は恋《こい》が「乞《こ》う」ことだと理解できるようになったが、当時は狐《きつね》につままれた感じであった。しかし、それは先生の親心《おやごころ》であり、言霊の道に進むための、細《こま》やかな配慮《はいりよ》であった。ある意味、幼子《おさなご》以上に手取《てと》り足取《あしと》り面倒《めんどう》を見ていただいた。

こうして小笠原先生との七年が過ぎていった。しかし、私が先生の死に立ち会うことはなかった。いや、先生が立ち会わせてくれなかったといった方がいいだろう。比較《ひかく》することも烏滸《おこ》がましいが、歴史的には、天皇《てんのう》は薨去《こうきよ》される前に皇太子《こうたいし》に魂振《たまふり》は行うが、死に立ち会うことはなかった。それは言霊神社ができて間もなくのことであった。お亡くなりになる直前《ちよくぜん》に意図的《いとてき》に私を遠ざけた。それから一年の間、私は甲府からご自宅の幡ケ谷に向かって毎日先生にご挨拶をするようになる。代わりに義理の弟が先生のところに行って面倒を見てくれた。（写真2）お亡くなりになって四年後、白川の御修行の中に、小笠原先生が出てこられたことがある。実は、神示と言霊の関係を極めたくて呼び出してしまった。後にも先にもこれ一回限りである。その時の先生は、迷惑気味《めいわくぎみ》に「伝えてあろうが」と、意念《いねん》で送って来られたことを記憶している。

ただ、本書にもあるように、霊能（主観的能力）やシャーマニズムは言霊に至《いた》る道程《どうてい》にはなりうるが、それ自体が目的ではないため、そのような修行を受けたとはいっても、霊の世界に没頭《ぼっとう》していたわけではない。けれども、小笠原先生が私のシャーマニズムの研究の最後に「この人に会ってきなさい」と、強く奨《すす》められた人物がいた。それが、肝川龍神《きもがわりゅうじん》の車小房《くるまこふさ》さんである。大本教の流れを汲《く》む最後の霊能者といわれた方で、当時既に九十歳を超えておられた。全く文字を知らないのに、突如《とつじょ》アヒルクサ文字という神代文字《かみよもじ》が降《ふ》ってきて、それを書き写したという逸話《いつわ》がある。お会いした時に、軸装《じくそう》されたその文字を実際に見せていただいた。この方は小笠原先生の古くからのご友人でもあったが、真正《しんせい》の霊能という意味においては、先生が当代随一《とうだいずいいち》と評価されていた方である。恐らく、シャーマニズム研究における最後の人物として、私に会わせたいと思われたのだろう。これも、言霊の道に入るための

画像6｜1980年（昭和55年）7月。小笠原孝次氏ご夫妻と義弟の古谷博一氏（右端）。七沢賢治の父の勧めで、湯治のため御坂（現笛吹市）ラドン温泉を訪れる。

貴重《きちょう》な体験であった。

元の一つにかえる言の葉の道

本当に、七年間も小笠原先生のご自宅に入り浸っていると、いろいろなことを学ぶものである。先生はお酒が好きで、いつもおいしそうに飲んでいた。ある時期にはフランスのジャーナリストたちがよく来ていた。そのうちの一人、コリン女史《じょし》がフランスから持ってくるボルドーワインを一緒《いっしょ》に空《あ》けて飲んだことがある。先生が飲まれていたのは赤ワインが多かっただろうか、そこで、本当のワインの味というものを知った。ほぼ毎晩《まいばん》、必ず晩酌《ばんしゃく》していたので、それにも毎回お付き合いさせていただいた。当時は飲酒運転にもうるさくなかった時代である。七年のうち二年ぐらいは豊島区の南長崎からバイクで通《かよ》っていたが、それが当たり前の生活だった。

こうして、ある日突如《とつじょ》として、「イ」が確かに「イ」であることの確証《かくしょう》を得た。先生もそれを大変に喜んでくださった。言霊「イ」がわかったことで、「イノチ」や「イキ」、「イミ」といった「イ」に関する全ての言葉がしっくりくるようになった。特に「イノチ」は「イ」に繋《つな》がる言霊全体の代表みたいもので、それを基点《きてん》に「イ」という一音が持っている働きが、全体性の中で掴めるようになったということである。また、それが五十音の最初の理解であり、「ウイの奥山《おくやま》」の「ウ」に還《かえ》るところでもある。つまり、「イ」という高次《こうじ》の世界がわかると「ウ」の天之御中主神《あめのみなかぬしのかみ》の理解にも繋《つな》がっていく。同様に、天津太祝詞音図《あまつふとのりとおんず》など、「イ」から広がる諸々《もろもろ》の「絵＝エ」の世界もわかるということである。当然、伊邪那岐神《いざなぎのかみ》、伊邪那美神《いざなみのかみ》、十七神《じゅうななしん》の神話もそこに含まれる。

当初《とうしょ》は五十音の一音一音を理解することに努《つと》めたが、やがて、それだけでは不十分《ふじゅうぶん》であることに気づいた。二項対立《にこうたいりつ》を解消《かいしょう》し、それを超えた世界に言霊があるのは間違いない。しかし、一音一音だけで自身の境地《きょうち》を表現することはできない。そこで、短歌や和歌の意味が出てくる。俳句は、五、七、五の十七音である。短歌は五、七、五、七、七で三十一音となる。たとえば、「しずかさや岩《いわ》にしみいるセミの声《こえ》」という句がある。これは全部で十七音の世界に作者の宇宙を表現している。この十七という数字が、「天津神諸の命《あまつかみもろもろのみこと》」であり「天名《あな》」である十七神に繋《つな》がる。つまり、これは「イ」から展開する世界を表現しているといえる。「しずかさや」の「し」は「SI」であり、母音は「イ」である。「岩《いわ》」は「迦具土《かぐつち》」であり、クレイタブレットと見ることができる。そのように見ると、これは、言霊の歌にもなっている。

一方、和歌、短歌は、三十一音であり、これは五十音から最初の十七音と「ン」を除《のぞ》いた、「タトヨツテヤユヱ《ゑ》ケメクムスルソセホヘフモハヌラサロレノネカマナコ」という三十二音から一音を引いたものといえる。最後の一音は、天に委《ゆだ》ねたものと見る。そのような所から、俳句は伊邪那岐《いざなぎ》「イ」の宇宙を表《あらわ》し、和歌は大事忍男神《おほことおしをのかみ》「タ」から広がる世界を示すものと見ることができる。よって、言霊「タ」をどう理解するかが和歌の世界では重要になる。五十音において、「イ」がわかるということは、十七音を掴んだということであり、「タ」がわかるということは、三十三の子音を自分のものにしたということである。「タ」を自得《じとく》する時は実際に「タ」音が口から突《つ》いて出《で》て確認される。祓《はら》いも「タ」から始まる。つまり、最終的な境地《きょうち》は、歌に表れるということである。

こうして、歌でないものは、枠結《わくむす》び＝和久産巣日《わくむすび》であり、取るに足らないものと、小笠原先生から教えられた。恋と愛の違いも似たようなもので、恋は取り込むだけで、先生はよく「取り込み大臣」と言っておられた。恋も愛も一緒に学ぶこと、すなわち、和歌の世界を言霊の学びに取り入れることで、より鮮明《せんめい》な境地が浮かび上がってくるということである。先生が毎回「歌を持ってきなさい」と言われた背景には、その時点における私の境地を確認する意味合いもあったのだろう。

何やら取りとめのないお話になり恐縮《きょうしゅく》である。ただ小笠原先生との七年間を振り返ってみると、およそここまで書き綴《か つづ》ったことが、真っ先に思い出される内容である。何しろ、その間、ほぼ毎日のように、お昼から夜の九時頃まで先生のお宅にお邪魔《じゃま》していたわけである。そこには、ここでは紹介し切れないほど沢山《たくさん》のドラマがあった。ただ、一つご理解いただきたいのは、その七年で先生との関係が終わったわけではないということである。むしろ、先生がお亡くなりになった後の現在も、その絆《きずな》は年々深まっているようにさえ思える。まるで、小笠原先生が言霊《げんれい》麻邇《まに》そのものとなって、私の研究の後押《あとお》しをしていただいているかのようである。

終《お》わりに、小笠原先生が最後に詠《よ》まれた歌をご紹介したい。

「一《ひと》つより出《い》でて剖《わ》かれてまた元《もと》の一《ひと》つに還《か》える言《こと》の葉《は》の道《みち》」

小笠原先生が先師山腰明将先生から引《ひ》き継《つ》がれた「言《こと》の葉《は》の道《みち》」は、これからいよいよ陽《ひ》の目《め》を見ようとしている。それは「元《もと》の一《ひと》つにかえる」当然の帰結《きけつ》であり、それを止《と》めることはできない。本書の出版により、その決意は益々強固《ますますきょうこ》なものとなった。今回、この『言霊開眼』

新装版の出版に際し、お世話になった関係諸氏に改めて感謝の意を表する次第である。そして、本書をお読みになられた皆様の益々のご清栄《せいえい》をお祈りして、筆を置かせていただく。

二〇一五年五月一日　山梨県甲府市　言霊神社にて

謝辞

本書の企画、編集、編集補助には、次の諸氏の協力を得た。ここに謹んで謝意を表する。

櫻井慎也　佐藤志保　種池奈美　七沢智樹　望月正　（五十音順・敬称略）

参考文献一覧

本書を出版するために参照した文献

『古事記伝』（全四冊）本居宣長撰、倉野憲司校訂（岩波書店 一九四〇年）
『国史大系 古事記・先代旧事本紀・神道五部書』黒板勝美編（吉川弘文館 一九六六年）
『古事記 祝詞』倉野憲司・武田祐吉校注（岩波書店 一九五八年）
『校註古事記』武田祐吉校注（角川書店 一九五六年）
『古事記注釈』西郷信綱校注（平凡社 一九七五年）
『新版古事記』中村啓信訳注（角川文庫 二〇〇九年）
『古事記事典』尾畑喜一郎著（桜楓社 一九八八年）
『日本書紀』坂本太郎・家永三郎・井上光貞・大野晋校注（岩波書店 一九九三年）
『新編日本古典文学全集 日本書紀』（全三冊）小島憲之校注（小学館 一九九四年）
『神道事典』國學院大學日本文化研究所編（弘文堂 一九九四年）

『新編国歌大観』第三巻 新編国歌大観編集委員会編（角川書店 一九八五年）
『昭憲皇太后御集』三室戸敬光編（和泉書院 一九二四年）
『神代の万国史』竹内義宮編著（宗教法人皇祖皇太神宮 一九七〇年）
『神霊正典』矢野シン編（神政龍人会 一九六四年）
『口語訳（旧約聖書＋新約聖書）＋文語訳（旧約聖書＋新約聖書）』（日本聖書協会 一九一七年）
『易経』（全二冊）高田真治・後藤基巳訳（岩波書店 一九六九年）
『易 中国古典選』本田済著（朝日新聞社 一九九七年）
『老子』福永光司訳注、吉川幸次郎監修（朝日新聞社 一九九七年）
『老子』蜂屋邦夫訳注（岩波書店 二〇〇八年）
『老子』小川環樹訳注（中央公論新社 一九九七年）
『老子』金谷治訳注（講談社 一九九七年）
『タオ 老子』加島祥造著（筑摩書房二〇〇六年）
『大学・中庸』金谷治訳注（岩波書店 二〇〇三年）
『中庸』宇野哲人訳注（講談社 一九八三年）
『傍訳 仏教教典大鑑』渡辺宝陽監修（四季社 二〇一一年）
『法華経』（全三冊）坂本幸男・岩本裕訳注（岩波書店 一九六二年）

『浄土三部経』（全二冊）中村元・早島鏡正・紀野一義訳注（岩波書店 一九六三年）
『大乗仏典』（第六巻）山口益・桜部建・森三樹三郎訳（中央公論社 一九七六年）
『昭和新纂國譯大藏經』經典部第六巻 昭和新纂國譯大藏經編輯部（東京 大法輪閣 二〇〇九年）
『浄土真宗聖典（注釈版）第二版』教学伝道研究センター編（本願寺出版社 一九八八年）
『浄土真宗聖典（注釈版）七祖篇』教学伝道研究センター編（本願寺出版社 一九九六年）
『修養大講座（従容録）』（第十巻）加藤咄堂著（平凡社 一九四一年）
『歎異抄』親鸞著、金子大栄校注（岩波書店 一九三一年）
『教行信証』親鸞著、金子大栄校注（岩波書店 一九五七年）
『碧巌録』（全三冊）入矢義高・溝口雄三・末木文美士・伊藤文生訳注（岩波書店 一九九七年）
『碧巌録提唱』（全三冊）西片擔雪著（明日香塾 二〇〇九年）
『臨済録』入矢義高訳注（岩波書店 一九九一年）
『維摩経講話』鎌田茂雄著（講談社 一九九〇年）
『維摩経』石田瑞麿訳（平凡社 一九六六年）
『空海コレクション』（全四冊）空海著、宮坂宥勝監修（筑摩書房 二〇〇四年）
『改版維摩経』長尾雅人訳（中央公論新社 一九八三年）
『維摩経をよむ』菅沼晃著（日本放送出版協会 一九九九年）

『無門関』西村恵信訳注（岩波書店 一九九四年）
『無門関を読む』秋月龍珉著（講談社 二〇〇二年）
『正法眼蔵』（全四冊）道元著、水野弥穂子校注（岩波書店 一九九〇年）
『景徳伝灯録』（四巻）入矢義高監修、景徳伝灯録研究会編（禅文化研究所 一九九七年）
『禅語録』柳田聖山編（中央公論新社 一九七八年）
『禅語百選』松原泰道著（祥伝社 一九八五年）
『禅家語録Ⅱ』西谷啓治・柳田聖山編（筑摩書房 一九七四年）
『芸術と宗教』佐々木徹著（一燈園燈影舎 一九九四年）
『出家とその弟子』倉田百三著（岩波書店 一九六二年）
『寒山』寒山著、入谷仙介訳注（岩波書店 一九五八年）
『寒山詩』寒山著、太田悌蔵訳（岩波書店 一九三四年）
『寒山詩』寒山著、松村昴・入谷仙介訳注（筑摩書房 一九七〇年）
『おくのほそ道』（全）松尾芭蕉著（角川書店 二〇〇一年）
『芭蕉おくのほそ道』松尾芭蕉著、萩原恭男校注（岩波書店 一九七九年）
『世界詩人全集 ポー ホイットマン詩集』福永武彦・入沢康夫・河野一郎訳（新潮社 一九六八年）
『草の葉 ホイットマン詩集』ウォルト・ホイットマン著、長沼重隆訳（角川書店 一九九九年）

『ホイットマン詩集 草の葉』（上） ウォルト・ホイットマン著、 鍋島能弘・酒本雅之訳（岩波書店 一九七〇年）
『草の葉 ホイットマン詩集』 ウォルト・ホイットマン著、 長沼重隆訳 （角川書店 一九九九年）
『ホイットマン詩集』 ウォルト・ホイットマン著、 木島始訳編 （思潮社 一九九四年）
『アメリカ古典文庫5 ウォルト・ホイットマン』 亀井俊介・瀧田夏樹訳 （研究社 一九七六年）
『河童』 芥川竜之介著 （岩波書店 一九六九年）
『芥川龍之介の「羅生門」「河童」 ほか6編』 芥川龍之介著 （角川書店 二〇〇六年）
『第三文明への通路』 小笠原孝次著 （第三文明会 一九六四年）
『世界維新への進発』 小笠原孝次著 （第三文明会 一九七五年）
『言霊百神』（新装版） 小笠原孝次著、 七沢賢治監修 （七沢研究所 二〇一四年）
『言霊精義』（新装版） 小笠原孝次著、 七沢賢治監修 （七沢研究所 二〇一五年）
『言霊設計学』 七沢賢治著 （ヒカルランド 二〇一二年）
『言霊はこうして実現する』 大野靖志著 （文芸社 二〇一〇年）
『白川学館入門講義資料 白川学館入門講義集』 一般社団法人入門講座テキスト編集委員会編（一般社団法人白川学館 二〇一五年）

著者紹介

小笠原孝次氏 おがさわら こうじ

1903年　東京都にて生誕。
1922年　東京商科大学（現在の一橋大学）にて、
吹田順助氏よりドイツ文学ドイツ哲学を学ぶ。
1924年　一燈園の西田天香氏に師事し托鉢奉仕（常不軽菩薩の行）を学ぶ。
1932年　矢野祐太郎氏（元海軍大佐）および夫人の矢野シン氏と共に
『神霊密書』（神霊正典）を編纂。
1933年　大本教の行者、西原敬昌氏の下でテレパシーと鎮魂の修行を行う。
1936年　山腰明將氏（元陸軍少佐）が主催する秘密結社「明生会」の門下生となる。
明治天皇、昭憲皇太后が宮中で研究していた「言霊学」について学ぶ。
1950年　言霊・数霊研究家の武智時三郎氏より言霊研究のアドバイスを受けると共に
同氏の研究を受け継ぐ。
1954年　「皇学研究所」を設立。
1961年　「日本開顕同盟」（発起人 葦津珍彦氏、岡本天明氏ほか）の
主要メンバーの一人として活動。
1963年　「ヘブライ研究会」を設立。
1964年　合気道創始者の植芝盛平氏より「武道即神道」（言霊布斗麻邇）の学問的研究
の提携を依頼される。
1965年　「ヘブライ研究会」を「第三文明会」に発展。
1975年　72歳の誕生日当日に「言霊学」の後継者となる七沢賢治が来訪する。
（第三者の紹介による出会いではなく必然的かつ運命的な出会いだった）
以降「言霊学」を七沢賢治に継承伝授。
1981年　「布斗麻邇の法」を奉戴するため七沢賢治に「言霊神社」創設を命ずる。
七沢賢治との連盟で山梨県甲府市に「言霊神社」創建。
「布斗麻邇の法」の継承と「科学的運用方法の研究」を七沢賢治に遺言。
1982年　79歳にて帰幽。

［ **著書** ］

・『言霊百神』新装版（和器出版 2016年）
・『言霊精義』新装版（和器出版 2016年）
・『言霊開眼』新装版（和器出版 2016年）
・『神道から観た仏教三部書』（和器出版 2016年）
・『神道から観たヘブライ研究三部書』（和器出版 2017年）
・『龍宮の乙姫と浦島太郎』（七沢賢治氏との共著 和器出版 2017年）
など

監修者

七沢賢治 ななさわ けんじ

1947年　山梨県甲府市に生誕。
1972年　早稲田大学卒業。
言語学者、宗教研究者、東京外国語大学アジアアフリカ言語文化研究所教授 奈良毅氏に師事。言語学、世界の宗教を実践的に学ぶ。
1975年　国会図書館で『言霊百神』と出会い強い感銘を受ける。
その場で小笠原孝次氏に電話、その日に先生宅に来訪する。
（その日は小笠原孝次氏の72歳の誕生日だった）
以来、1982年までの7年間に渡り対面参学し「言霊学」の奥伝を受ける。
1978年　大正大学大学院文学研究科博士課程修了（宗教学）。
1981年　小笠原孝次氏より「言霊神社」創設の命を受け小笠原孝次氏との連盟で山梨県甲府市に「言霊神社」を創建し「布斗麻邇の法」を奉戴。
1982年　白川伯王家伝の継承者、高濱浩氏に入門。
1989年までの7年間に渡り「おみち」修行を受け全階梯を修了。
十種神寶御法を口授される。
2010年　白川伯王家伝の継承者として「一般社団法人白川学館」を創設。
2013年　小笠原孝次氏の御遺言に従い「言霊大学校」を開講。
2014年　和学研究への助成を目的とした「一般財団法人和学研究助成財団」を創設。

［ 著書・監修者 ］

・『言霊設計学』（ヒカルランド 2012年）
・『なぜ、日本人はうまくいくのか?』（文芸社 2012年）
・『龍宮の乙姫と浦島太郎』（小笠原孝次氏との共著 和器出版 2017年）
・『言霊百神』新装版（監修 和器出版 2016年）
・『言霊開眼』新装版（監修 和器出版 2016年）
・『言霊精義』新装版（監修 和器出版 2016年）
・『言霊学事始』（監修 和器出版 2016年）
・『神道から観た仏教三部書』（監修 和器出版 2016年）
・『神道から観たヘブライ研究三部書』（監修 和器出版 2017年）
・『ウォーターデザイン』（和器出版 2018年）
・『七澤賢治 講話選集一 祓い』（和器出版 2021年）
・『七澤賢治 講話選集二 鎮魂』（和器出版 2021年）
・『七澤賢治 講話選集三 言霊』（和器出版 2021年）
など

言霊開眼［新装版］

2015年 6 月 1 日 初版発行
2025年 4 月 1 日 第4刷発行

著　者　小笠原孝次
監　修　七沢賢治
発行者　佐藤大成
発行所　和器出版株式会社
住　所　〒107-0062 東京都港区南青山 1-12-3 LIFORK N214
電　話　03-5213-4766
URL　https://wakishp.com/

ブックデザイン　藪内新太　松沢浩治
印刷製本　モリモト印刷株式会社

ISBNコード 978-4-908830-03-7
※定価は裏表紙に表示してあります。